同時通訳の訓練法を取り入れた

究極の英語学習法
K/Hシステム 3

上級編

国井信一／橋本敬子　著

K/H system

はじめに

米国の駐在員向けに実戦的な英語学習法を教えるプログラムとしてK/Hシステムが始まってから、もう30年近くが経ちます。プログラムに参加してくださった方々も、日米両国で2万人を超えました。付け焼刃でない、本当にレベルの高い英語力を身につけていくための必須要素、落とし穴、学習ステップ、訓練方法を洗い出しながら、どうすれば、効率よく、効果的に、質の高い英語力が身につけられるのかを模索してきました。

英語力の上に載る「コミュニケーション力」

ただ、英語力を磨くのも、つまるところ、その目的はコミュニケーションです。それを考えたとき、英語力そのものに加え、コミュニケーションのルールやコツの面でも、最低限身につけておくべき不可欠なものがあることを痛感しました。日本人の私たちが英語で効果的にコミュニケーションができるために、最低限、何を理解し、何を注意し、何ができなければいけないのか。それを、現場で苦労している方々の声、現場で日本人とともに働く方々の声、現場の課題、現場のニーズなど、何よりも'現場'からの声を糧に考えてきました。また、国際的なビジネスやコミュニケーションの現場で活躍している優れたリーダーの方々の例から学び、直接インプットもいただきながら、英語圏で信頼と尊敬を得ながら結果を出せるコミュニケーションに必要なものを洗い出そうとしてきました。そのプロセスから、私たちがK/Hシステムのプログラムを貫く重要な柱のひとつと考えるようになったものを、本書で学んでいただきます。

効果的なコミュニケーションの柱、英語的な＜話の組み立て＞を学ぶ

日本語文化と英語文化では、一般的な＜話の組み立て＞が大きく異なります。この違いを知り、それを感覚に持っていると、論旨をしっかりと追ったメリハリのある聞き取りができます。英語圏の人に分かってもらいやすい話し方ができます。逆にこれを知らなかったり、知っていても現場で生かせる感覚になっていなかったりすると、かなり英語力がある方でも、コミュニケーションで思わぬ落とし穴や障害になっている場合がよくあります。「英語圏の人の話の論旨とメッセージを正確に理解する」ために、また、「クリアに意思を伝えて、教養ある社会人としてロジカルに話している印象を与える」ために、話の組み立てを意識することは不可欠です。本

書では、英語的な「話の組み立て」の最も基本的、典型的なものを紹介し、まずリスニングで慣れていただこうと思います。

既刊『基本編』『中級編』との違いと本書の位置づけ

『究極の英語学習法 K/Hシステム 基本編』と『同 中級編』での学習は、英語力そのものの基盤づくりと強化が目的でした。つまり、「英語の一文一文」を、推測に頼らず、実戦のスピードで、しかも正確に聞き取る力をつけるポイントとコツと練習法を学びました。これが全ての土台になります。本書で学ぶのは、その上に載るコミュニケーション力の最初の柱である「話の組み立て」です。「パラグラフ単位」で英語を正確に理解し、効果的に組み立てる力です。本書で学ぶことは、現在の英語力に関わらず、それ自体で英語コミュニケーションのクオリティーアップにつながるものなので、本書から学習を始めても結構です。ただ、一方で、英語力そのものをつける学習で土台を固めて積み上げていかなければ、総合的なコミュニケーション力に限界があることも忘れてはいけません。

読んで学ぶPART 1＜学習編＞と、
多聴で身につけるPART 2＜付録編＞

本書は2部構成とし、最初のPART 1＜学習編＞で本書で学ぶことを基本的にすべてカバーします。読み物的に、気楽に楽しみながら学べるので、そこで終わっていただいても結構です。余裕のある方や、英語力の高い方のために、さらに理解を深め、多聴で感覚を強化するためのPART 2＜付録編＞を用意しました。

本書では、**本格的な英語の面白さ、醍醐味に一歩近づける、ひとつレベルの高い視点**を学んでいきます。ぜひ、楽しんで学習してください。

最後に、本書を出版するまで辛抱強く私たちをサポートしてくださった編集担当の李家さん、そして、本書の出版を待つ励ましや期待のお言葉をくださったたくさんの読者の皆さまに心からお礼を申し上げます。

2020年3月

国井信一　橋本敬子

＊本書は『究極の英語学習法 K/Hシステム 発展編 ロジカル・リスニング』（2006年初版）の改訂版です。

ダウンロード音声について

本書の学習で使用する音声は、①のウェブサイトもしくは②のスマートフォンアプリから無料でダウンロードしていただけます（MP3 ファイル形式／ zip 圧縮済）。

① パソコンをご利用の場合

「アルク・ダウンロードセンター」 https://www.alc.co.jp/dl/ をご利用ください。
書籍名または商品コード（7020003）で検索し、ダウンロード用ボタンをクリック、以下のパスワードを入力し、ダウンロードしてください。

② スマートフォンをご利用の場合

アプリ「語学のオトモ ALCO」 https://www.alc.co.jp/alco/ をご利用ください。
「語学のオトモ ALCO」のインストール方法は表紙カバー袖でご案内しています。書籍名または商品コード（7020003）で検索後、以下のパスワードを入力し、コンテンツをダウンロードしてください。

* iOS、Android の両方に対応しています。
*本サービスの内容は予告なく変更する場合がございます。あらかじめご了承ください。

| パスワード | kh3_003 |

ダウンロード音声の使い方

本書内の音声マーク（🎧）の箇所で、音声を使用します。音声には「**全体通し音声**」と、その中から聞き取りに使う箇所のみ抜粋した「**聞き取り用音声**」の２つのファイルがあります。

●「全体通し音声」ファイル ●

以下の音声が本書の学習順に並んだファイルです。

講義音声（右表の色がついているトラック）：英語の話の組み立て、日本語との違い、聞き取りの際の落とし穴などについて、具体例を交えて著者自らが分かりやすく解説した音声。学習を進める際はぜひ一度、耳を通すようにしてください。

聞き取り用音声（右表の色がついていないトラック）：本書の学習に必要な英語の音声

●「聞き取り用音声」ファイル ●

英語の音声のみを収めたファイルです。学習用途に合わせて、お使いください（※「全体通し音声」の一部抜粋です）。

「全体通し音声」ファイル　トラック表

* グレーの文字のトラックは、タイトルコールのみとなります。

トラック番号	内容	本文対応ページ
01	PART1　学習編	
02	講義：PART1　はじめに（6分58秒）	
03	講義：本書の構成（3分6秒）	
04	第1章「高度な聞き取り力とは」	
05	第1章　聞き取りサンプル	p. 24〜
06	第2章「英語のコミュニケーションの〈基本形〉」	
07	講義：第2章のはじめに（11分44秒）	p. 32〜
08〜10	Example　見本例	p. 35
11〜13	実例サンプル1〜3	p. 42〜44
14〜21	ドリル見本例	p. 47〜49
22	第3章「サポートを詳しく見てみよう」	
23〜34	シーン見本例	p. 54〜67
35	第4章「高度なコミュニケーションのための〈挿入形〉」	
36	講義：第4章のはじめに（14分16秒）	p. 70〜
37	Example	p. 72〜
38〜40	実例サンプル1〜3	p. 80〜82
41	第5章「〈挿入〉を詳しく見てみよう」	
42〜46	シーン見本例	p. 89〜103
47	第6章「信頼関係をつくる〈フィードバック形〉」	
48	講義：第6章のはじめに（13分51秒）	p. 108〜
49、50	Example1　見本例	p. 110、112
51	Example2	p. 116
52、53	実例サンプル1〜2	p. 125、127
54	第7章「おわりに」	
55	Example	p. 144
56	PART2　実践練習用付録	
57	講義：PART2を使った学習について（6分50秒）	p. 154
58	付録1「〈基本形〉体得用サンプル集」	
59〜61	見本サンプル	p.160〜
62〜68	実例サンプル1〜7	p.170〜185
69	付録2「〈挿入形〉体得用サンプル集」	
70	見本サンプル	p.189〜
71〜77	実例サンプル1〜7	p.195〜212
78	付録3「〈フィードバック形〉体得用サンプル集」	
79	見本サンプル	p.217〜
80〜83	実例サンプル1〜4	p.224〜235
84	付録4「実践チャレンジ用サンプル集」	
85〜91	実例サンプル1〜7	p.242〜263

* 「実例サンプル」の大半は、プロのナレーターではなく、一般人に台本なしで話してもらった音声です。スタジオではなく、できるだけ普段通りの状況で、いつものように話してもらった結果を収録したものなので、ほかのトラックと比較して、若干聞き苦しいところもありますが、これが生の英語の音声だと考えて、聞き取りにチャレンジしてください。
* トラック63、トラック86の音源は、William J. Clinton Library 提供。

CONTENTS

❶ K/H システムとは

1　K/H システムの定義

K/H システムとは、「頭で分かっている」だけでなく、本当に、現場で「使える」本格的な英語力をつけるための実践的学習方法として 30 年以上前からアメリカで開発してきた英語学習の方法論です。英語の学習法はいろいろありますが、その中でも、特に「音だけが頼り」の世界であっても高度なレベルで意思疎通ができるような英語コミュニケーション力を養成するための方法論として現在は K/H システムを位置付けています。

2　K/H システムの履歴

K/H システムの履歴を簡単に紹介しましょう。1992 年頃にアメリカのワシントンD.C. で日本人の駐在員向けに始まりました。コースに参加された方々は、学校なども含めてかなり英語を勉強してきたはずなのに、アメリカの現場に来てみると聞きとれないし、話せないということで悩んでいる方がほとんどでした。そこで、なぜ聞き取れないのか、なぜ英語が口から出てこないのかなど、多くの方々の悩みを分析して、その解決のためのトレーニング方法を作り上げてきた結果できたのがこのシステムです。

このシステムでは、通訳者の訓練方法や一般的な英語トレーニング方法として知られている、シャドーイングを始めとする訓練テクニックの効果的な利用方法も学びますが、このシステムのより重要な目的は、本当に実戦力につながる英語力を具体的に定義し、それを身につけるために、「英語の理解の仕方、英語の身につけ方」を根本から変えてもらうことにありました。つまり、一種の英語学習の「意識改革」を狙っていたのです。

セミナーを実施した結果、参加してくださった方々から現場での成功体験の報告も多く

ありました。それに勇気付けられ、ワシントンだけでなく、ニューヨーク、シカゴ、デトロイト、コロンバスなど、アメリカ中西部を中心に各地で、日本人駐在員を中心とした一般学習者向けに高度な英語力を養成するためのセミナーを定期的に実施しました。1999年からは日本でも一般公募コースの開催を始め、現在では、日米両国で K/H システムの一般公募コース、企業研修、自主学習サポートプログラムなどを行っています。こうしたセミナーや出版物などを通じて、参加者・読者の方々からさまざまなフィードバックを得ながら、現在も改善と工夫が行われているシステムです。

② K/Hシステムの目指すもの

国際的に仕事をするビジネスパーソンの英語力強化に長年携わってきた経験と、クライアント企業などのアメリカ人エグゼクティブやマネジャーの方々からの多くの示唆とフィードバックなどから、英語文化の中で質の高いコミュニケーションができるために必要な英語力の要素を洗い出してきました。こうした要素を「効果的」かつ「効率的」に身につけられる学習の方法論と視点を提案することをK/Hシステムでは目指しています。

> **K/Hシステムの目指すもの**
> 「音だけが頼り」のコミュニケーションの世界で、「質の高い」英語のコミュニケーション力を目指す人に役立つ学習法と視点を提供すること

上記のビジョンをもう少し詳しく、かつ具体的に説明してみましょう。

「音だけが頼り」の英語コミュニケーションの世界

昔は、海外から文物を導入するために英語の文献を読むことが何よりも大切でした。そのために「正確に読める」英語力を養成すること、これに英語教育の力点が置かれていたのではないかと思います。一方、現在では、「直接にコミュニケーションする」ニーズが高まったため、発話されてすぐに消えてしまう音を頼りに英語を理解する必要性が出てきました。この新しいニーズを英語学習の視点に組み込むと、今までの伝統的な英語学習ではあまり必要なかった側面が同時に重要になってきました。主なものとして3つを挙げてみます：

（1）英語の音と意味のリンク

　リスニングでは、「文字と意味」ではなく、「生の音と意味」が一致していなくてはなりません。また、スピーキングでは、相手に分かる音とリズムで英語が発音できる必要があります。

（2）英語の語順の感覚

　伝統的な英語教育では、漢文のレ点読みを応用したような、後ろから戻りながら理解する方法を主に教えられてきました。しかし、リスニングでは「あと戻り」はできません。英文構造を追いながらも「**文頭から理解する力**」を養成することが必須になります。スピーキングでは、英語の語順で即座に単語を並べ、英文をつくる必要があります。相手があることなので、「**言い直しが何度も許されるわけではない**」という厳しい条件になります。

（3）スピード

　上記の作業を、聞き取りでも、スピーキングでも、ネイティブスピーカーの常識的な**スピードで行わねばならない**という条件も付加されます。

上記の（1）、（2）、（3）は、拙著『**究極の英語学習法 K/Hシステム 基本編**』『**同　中級編**』（以下『**基本編**』『**中級編**』）で詳しく説明しています。

「質の高い」英語のコミュニケーション力

K/Hシステムで言う「質の高い」コミュニケーション力とは、「**相手の話をニュアンスまで正確に理解し、その理解をベースにこちらが言いたいことを正確に伝え、かつ相手を納得させて動いてもらえる**」タイプのコミュニケーション力と定義しています。

これまで、コミュニケーション力をつけようとすると、一般的に、どうしてもスピードに目を奪われがちでした。それゆえ、「正確な理解」や「正確に分かってもらう」という**＜精度＞**が二の次になりやすかったはずです。この面での課題には、文法や構文がいい加減になってしまうという基本的な「**正確性**」の問題から、無意識に日本的な話の組み立て方

の発想で英語も考えてしまうという「論理構造」の課題、英語のニュアンスをつかさどる**表現の選び方が不正確である**といった高度な事象まで含まれます。

残念ながら、「質の高い」英語力を目指すにはどうしても避けて通れないのが、この英語の<精度>だと思います。特に「質の高い」コミュニケーション力が必要な方々、たとえば、ビジネス、政府、ＮＧＯ、その他の分野で国際的にもリーダーシップを発揮する必要がある方々は、この部分の力を磨くと、今よりもさらに効果的なリーダーシップが国際的に発揮できると思います。<精度>として特に意識するとよい分野を３つ挙げます。

（１）文法の正確性

伝統的な英文解釈力によって培われた文法応用力と構文力が基礎になります。これは、リスニングでは**推測に頼らない正確な聞き取り**、スピーキングでは相手の理解にすがるような話し方を抜け出した**相手との対等なコミュニケーション**のための不可欠な下地になります。

（２）論理構造

英語の文化では当たり前に期待される「まずはポイントを言って、次にその説明」という話し方など、英語で通常使われている話の組み立ての基本構造を身につけます。それをリスニングやスピーキングで自然に応用できる力をつけることが、国際的なコミュニケーションでは非常に重要です。

（３）ニュアンス

英語文化の中での「**丁寧表現**」と「**相手の気持ちも重んじた話の組み立て方**」などを理解します。これにより、お互いを尊重しあい、かつ意思をきちんと伝え、相手に納得してもらえるコミュニケーションがとれる力の基盤ができます。

本書では、英語の細かいニュアンスまで正確に理解できる力をつけるスタートとして、特に（２）論理構造（英語的な話の組み立て）を中心に据え、一文単位を超えて「パラグラフ単位」で英語を見る発想を身につけてもらいます。（３）については、本格的な説明は続刊書にゆずります。（１）については、学校で学ぶ伝統的な文法や構文、英文解釈

など、基礎的な力をまずつけること。次にそれを「瞬発」的にできるように練習を繰り返す、という二段階のステップを踏むことをお勧めします。「実践力」にもつながる基本文法のエッセンスのレビューは、拙著『はじめての K/H システム』をご覧ください。基礎的な力を瞬発的に出すための「練習のやり方」については、『基本編』『中級編』をご覧ください。

❸ K/Hシステムの中での本書の位置付け

1　K/Hシステムの英語学習法の概要

K/Hシステムの英語学習法には、ふたつの大きな軸があります。これを縦糸と横糸として、皆さんの英語力を織り込んでいきます。まず、横軸から説明します。

K/H システムの横軸　　　　　　　　　　　　　　**身につけるための方法論**

英語力を、「知っている」レベルから、「瞬発力」として「できる」レベルまで引き上げるための練習法が、K/Hシステムの横糸になります。このトレーニング方法については、『基本編』『中級編』に詳しく書かれていますが、単純化すれば次のようになります。

（1）練習ステップ

①音とリズムの感覚を作り込む

②英語の意味のつかみ方のフォームを作り込む

③そして最後に、作りこんだ音の感覚と意味のつかみ方のフォームを一体化する（音と意味の一体化）

以上の3つのステップを英文一文ごとに踏むことで、英語の音と意味の基本的インフラを作りあげる練習法を学んでいただきました。

（2）練習ツール

その練習のためのツールとして、100%シャドーイング、リテンション、同時通訳風意味落とし込み、立体ノートテーキングなどを紹介しました。

（3）身につけるべき英語の特徴

また、「英語の発音はまずはリズム」、「英語は日本語よりも拍がずっと少ない」、「英語の語順は結論（大きな概念）から詳細（詳しい情報）へ '結→詳→詳' が基本」など、ま

ずは感覚に入れておくべき英語の基本的な特徴にも触れました。

（4）学習のコツ

「意味のひとかたまりを一単語感覚で理解してみる」、「自分の最もよく使う言葉で英語
を理解してみる（やまと言葉落とし）」など、リスニングをしたり英語を身につけたり
するときに役立つコツなども説明しました。

これらすべては、「使える」英語を身につけるための練習法を学ぶ軸でした。

K/H システムの縦軸　　　　　　　　　　　　　　　　　　何を身につけるか

もう一つの軸（縦糸）は、英語力の内容です。言い換えれば、身につけるべき英語力の層
（ブロック）ともいえるかもしれません。

● 基礎ブロック「基本英文法と英語構文」 ●

まずは、学校文法と構文力が前提です。これがないと応用力がつかず、非効率的な英
語学習を続けねばならなくなります。実は、多くの方が「構文理解の基礎」が中途半端
なまま、「使える」英語に飛びついてしまい、英語力が伸び悩んでいるようです。実の
ところ「使える」英語に必要な文法・構文の知識は、そんなに難しいものではありま
せん。本書で学習する前に、必ず身につけておいてほしいブロックです。

英文法や英語構文が難しいと思ってしまうのは、入試やその他の英語のテストでは、
受験者間で差をつけるためにどうしても「例外的な部分」を出題することが多いから
なのです。そのために、多くの学習者が、英文法の「本筋（エッセンス）の部分」と「枝
葉末節（例外や変則）の部分」の区別がつかなくなって混乱してしまうのです。本当に
大事なポイントが何なのかが分かれば、文法が怖くなくなります。文を作るのも、英
文を身につけるのもずっと容易になります。サバイバル英語を超えたい方、英語が伸
び悩んでいる方にはこれは必須だと K/H システムでは考えています。中学・高校と
英語を学んできた方であれば、レベルにもよりますが、K/H システムのプログラムで
は、このブロックは3時間〜7時間程度で教えています。この部分は拙著『はじめて
の K/H システム』でレビューできますので、参考にしてください。

● 第1ブロック「音とリズムの感覚」＆「意味をつかむ感覚」●

この上に載るのが、「音とリズムの感覚」と「意味をつかむ感覚」の各ブロックです。もう少し詳しく説明しますと

1）［音とリズムの感覚］

「正しいリズムの感覚がないために知っている単語まで聞き取れず、聞き取れた単語だけで推測する」といった聞き方を脱するのに必須の力です。英語の音とリズムの特徴を、シンプルに、整理して学ぶと、**聞き取りのコツとポイントがクリア**になります。加えて、**スピーキングでも発音が英語らしくなり、英語を聞き取ってもらいやすくなります**。K/Hシステムのコースに参加される方は3日間程度で英語のリズム感が目に見えて変わりはじめ、練習を続けると2〜4カ月で大きく改善し、聞き取りも確実に向上するのが普通のパターンです。

2）［意味をつかむ感覚］

今までのようなキーワード聞きや推測聞きを脱し、英語を正確に聞き取る力の基盤を作ります。「構文」をきちんと追いながら、単語単位ではなく「意味のユニットで」、英文解釈的でなく「文頭から」、リアルスピードでも「正確に」聞き取る力をつけるブロックです。TOEIC®L&Rテスト900点以上の方々なら、1カ月程度の練習でこの感覚が身についてきますが、一般にはこのブロックが最も難しく、ネイティヴのように、英語の語順で文頭から、落ち着いて、正確に意味をつかむ感覚をつけるのに、効果的にやっても最低6ヶ月〜1年はかかるプロセスだと思います。

以上、2つのブロックは英語コミュニケーション力の基本の基本、「インフラ」に相当します。この部分がきちんとできていれば、上に載るブロックは容易に身につくものです。そのためにこのブロックを徹底的に身につけてもらおうとするのが、『基本編』と『中級編』であり、K/Hシステムセミナーの英語コアコースと自主学習サポートプログラムです。

● 第2ブロック「語彙・表現のストック」●

次のレベルに相当するブロックは、「即座に使える単語と表現」や「即座に使える表現・

構文パターン」などをどの程度持っているか、というストックの部分です。この増やし方も、前述した拙著で学んでいただきましたね。K/Hシステムセミナーでは、英語ステップアップコースや継続者向け長期コースで主に扱う部分です。

同時に大切なブロックとして、**瞬時には使えなくとも、「聞けば分かる、読めば分かる語彙と表現」**のブロックがあります。こうした語彙と表現が「即座に使える表現群」の予備軍になるわけですから、この部分も大きくしておけばおくほど、K/Hシステムによる学習でも成長率が大きくなります。ただ、残念ながら、この「見れば分かる、読めば分かる語彙と表現を増やす」部分については、現在は K/Hシステムの本では十分カバーしていませんので、市販教材や多読などで補ってください。

● 第3ブロック「社会人に求められるコミュニケーション」●

★本書のテーマ分野★

このブロックは、まずは「英語の論理構造」と「丁寧表現」の体系的理解です。この二本の柱のうち、「論理構造（話の組み立て）の体系的理解」が本書の中心テーマになります。英語の典型的な「論理構造」を理解しておくと、英語でのコミュニケーションが**格段にクオリティーアップするだけでなく、日本語においても物の考え方が整理されたり、伝え方に切れ味や幅が出てきます。**「丁寧表現」にも適宜、触れることがありますが、これは続刊で詳しく触れる予定です。社会人の英語としては、このブロックは必ず身につけておきたい部分です。K/Hシステムセミナーのビジコアコースやロジカル・リスニングとロジカル・スピーキング・コース、継続者向け特別コースなどの一般コースや、企業研修プログラムなどで集中的に扱う分野です。

● 第4ブロック「異文化コミュニケーション」●

さらにその上に載る第4のレベルとして、K/Hシステムでは、**異文化コミュニケーションに必要な洞察力や分析力、受容力、本格的に議論する力の養成など**を考えていますが、ここまでくると英語力自体と離れてしまうので詳しくは述べません。K/Hシステムでは、全ての講座が長期研修を修了した方対象のフェローシッププログラムならびにアメリカの日系企業で実施している企業研修プログラムなどで扱っています。

以上、「身につけるための方法論」である横糸と、「何を身につけるべきか」を示す縦糸が重なり合って、皆さんの英語力と英語コミュニケーション力を編んでいこうというのがK/Hシステムの学習法であると考えてください。

2　K/Hシステムの中での本書の位置付け

本書では、K/Hシステムの縦軸の中の３つめのブロックである「論理構造（話の組み立て）の体系的理解」の部分に焦点を当てます。この部分こそ英語コミュニケーションの中核をなす部分です。英語学習の醍醐味が味わえると思います。一方で、本書では、「体得」のために具体的な練習ステップを徹底的にこなすというK/Hシステムの横軸の作業の解説はしません。この作業手順は『基本編』や『中級編』ですでに解説しているので重複しないようにするためです。

その代わり、本書では、高度な英語の視点を読み物風に楽しみながら知的学習できるように工夫しました。適宜、**実例サンプルによる聞き取り練習やミニドリルを入れて**、より**実戦感覚の練習**もできるようにしてあります。本書の PART1 だけで終わられても結構です。余裕があって、さらに学習したい方には、付録編として PART 2 を用意しました。たくさんの例に触れることで、PART1 で学んだことの理解をさらに深めて自分の感覚にしていただけるよう、多聴用の実例サンプルを集めてあります。スピーチはすべて音声に入っていますので、単に聞き込んでくださっても結構ですし、好みに合わせて K/Hシステムの学習法で体得練習することもできます。K/Hシステムの横軸の体得練習がしたい学習者のために、本書では入れることのできなかった全 EXAMPLE と実例サンプルの詳しい語句解説や、学習ステップのアドバイスなどをウェブサイト（http://www.kh-system.com/）に掲載していますのでご活用ください。

❶ 論旨を追った「立体的な聞き取り」

🔊 ⓶ ［PART1 はじめに］
🔊 ⓷ ［本書の構成］

1 コミュニケーションの「かみ合わなさ」

聞き取りの場面で、一文ずつは分かったつもりなのに、話が終わってみると相手の言ったことが思い出せない。また、**少しは記憶に残っていたとしても、それが話の本当のポイントなのかどうか自信がない**。だから、自分の経験と推量をもとに想像して自分を納得させてしまっている。

スピーキングの場面で、自分の言いたいことを必死に英語にして、何かを言う。「うまく言えた！」とにっこりとしながら、アメリカ人の反応を待つ。ところが、**何とも言えない怪訝な顔でアメリカ人が自分の顔を覗き込む**。

英語がある程度できるようになってきて、英米人とのコミュニケーションもかなり経験してきた方でも、**こんな何とも言えない不安や「がっかりで、不思議な、数秒の間」を自分でも経験し、また周りでも見てきたこと**があるのではないでしょうか。

こんなこともあると思います。一所懸命、相手を説得しようと話をする。ちゃんと背景も説明して、しっかり理解してもらおうと、丁寧に話す。なのに、なぜか話のポイントとずれたところばかりに相手が注目して、質問を投げかけてくる。ちぐはぐで、**会話がかみ合わない**。双方に焦燥感がつのる。

こうしたことが英語でのコミュニケーションで起こっていたら、それは英語的な「話の**組み立て方**」をよく理解していないからかもしれません。いずれのケースも、もちろん構文力や用語選択といった英語力そのものに問題がある場合も考えられます。しかし、かなりの英語の使い手になった人ですら、こうした「かみ合わなさ」を英語圏の人とのコミ

ュニケーションで経験していることが多いのです。私たちは長年、米国の日系企業での
コミュニケーション研修や通訳の仕事などを通じてコミュニケーションの現場に関わ
り、また、英語教育や教材づくりなどを通じて英語というものを非常に丁寧に見てきま
したが、その中で、こうしたコミュニケーションのかみ合わなさの多くは、「一文単位で
の英語力」の問題以上に、日本語と英語の一般的な「話の組み立て方の違い」を理解して
いないことに原因があるという認識を強くしてきました。

2 「話の組み立て方」に違いがある！

アメリカ人と日本人では、一般的に、話の組み立て方、展開の仕方に大きな違いがありま
す。そのため、アメリカ人が日常的に無意識で使う「話の組み立て方」の特徴を理解して
いるかどうかで、リスニングとスピーキングの両面で大きな差がつきます。本書では、英
語力そのものと並んで、英語のコミュニケーションで大きな力となるこの＜話の組み立
て方＞に対する感覚をつける学習をします。

本書の学習の目標
目標1 まずは、英語のコミュニケーションにおける基本形を認識
　　　　⇒ 英語は、「結論を言って、説明を加える」が＜基本形＞
目標2 その上で、話の組み立ての典型的なパターンを学ぶ
　　　　⇒ コミュニケーションで効果を高める＜挿入形＞＜フィードバック形＞

英語による本格的なコミュニケーション力を目指すのであれば、純粋な意味での英語力
の上に、さらに何層かの力を身につけていく必要があります（p. 17 参照）。英語の一文
一文を、音だけで正確に理解できる「実戦的な英語力」をつけなければならないことは言
うまでもありません。『基本編』や『中級編』では、音だけを頼りに＜一文単位＞で英語を
正確に処理できる力をつける勉強法を主に紹介しました。この力をつけていく一方で、
今度は、意思疎通のより大きな単位である＜パラグラフ（またはそれ以上）＞で、話者の
メッセージを正確に追っていける力をつけることが大切です。本書では、そこにポイン

トを当てます。

学ぶ内容は、言われてみれば案外にシンプルなことで、当たり前に感じたり、簡単に感じたりするかもしれません。しかし、「知っていること」と「できること」は違うこと。その知識がリスニングの現場やスピーキングの現場で無意識に、確実に生かせるところまで、本書で「体得する」ことを目指して学習してください。

3　話の流れを読んだ「立体的な聞き取り」

さて、話の組み立ての特徴を分かっていると、英語の聞き方はどう変わるのでしょうか。この訓練で何よりも達成していただきたいのは、**英語を「線形に聞く」**ことを脱し、「**立体的に聞く」力をつける**ことです。英語の話の組み立てを頭に入れておくと、**話の流れが予測しやすくなる**とともに、話者の話の論旨を正確にとらえる聞き方が可能になるのです。つまり、話者のメッセージと話のポイントがクリアに見え、頭にしっかり焼き付く。話をガチッと押さえている感覚で聞き取れる。**たとえ一部聞き取れないところがあっても、大きな話のメッセージを忘れたり、見失ったりすることのない、メリハリのある聞き取りが可能になる**ということです。

本書では扱いませんが、**スピーキングにおいてもこの力は重要です**。英語圏の人が自然に期待する流れに沿って話すことで、限られた英語力で勝負する場合でも、**より正確に意思を伝えることが可能になります**（第7章 – 3「今後の学習への生かし方（p. 148）」参照）。

まずは「線形の聞き取り方」と「立体的な聞き取り方」の違いを、実際に少し体験してもらいましょう。音声の 🎧 05 を聞いてください。知らない単語は前もって次ページの語句リストで確認しておいていいですよ。CD を聞いたときの自分の聞き方、聞き取っているときの感覚を覚えておいてください。

次ページには 🎧 05 のトランスクリプト（A）があります。「**線形に聞く**」とは、まさにこのトランスクリプトのように聞き取ることです。

さて、26 ページにはまったく同じ英文の<u>立体的な</u>トランスクリプト (B) があります。話を「立体的に聞く」、すなわち話の流れを追いながら聞き取るとは、こうした感覚なのです。このトランスクリプトを見てから、また音声を何度か聞いてみてください。トランスクリプトを目で追いながら聞いてもいいですよ。

A

I think the issue in crisis management is two-fold. Well, the first thing is you not only have to know what to do, but you have to appear to know what to do. Everybody has to feel this person knows what to do. It doesn't matter what crisis it is. That's the most important thing. The second thing I think is: you have to have an administrative ability or an organizational ability so that you can sort things out to actually implement what it is you know has to happen. It's not enough to have the idea "We will ... ", I don't know, "launch the lifeboat", but you have to organize the way in which the lifeboat gets launched. Otherwise your good idea never actually gets put into practice. So you've got to have those two things.

[出典] 英国大手 I T 企業会長 Richard Christou [Excerpt from K/H Interview]

語句

two-fold
ふたつの要素からなる

to appear to ...
…している様子である、…しているように見える

administrative ability
管理運営能力

organizational ability
組織運用能力

to sort things out
物事を整える、整理する

to implement
実行する

to launch a lifeboat
救命ボートを水面に下ろす、用意する

to organize
組織やプロセスを組む、計画・準備する

to put something into practice
何かを実行する

I think the issue in crisis management is two-fold.

「危機管理の大事な点はふたつあると思う」 OK、ふたつね。さあ、具体的に説明が始まるぞ。

Well, the first thing is you not only have to know what to do, but you have to appear to know what to do.

「ひとつ目は、やるべきことが分かっているだけでなく、そのように見えなければならない」 '見た目にも' か。どういう感じかな。

Everybody has to feel this person knows what to do.

「皆が、『この人はやるべきことがわかっているな』と感じていなければだめだ」 そうかぁ、それってそんなに大事か。

It doesn't matter what crisis it is. That's the most important thing.

「どんな危機であろうと、これが最も大事なことだ」 そうか。そんなに大事かぁ。さらに詳しく説明が続くかな。それとも、次の側面に行くかな？

The second thing I think is: あ、ふたつ目だな。

you have to have an administrative ability or an organizational ability so that you can sort things out to actually implement what it is you know has to happen.

「ふたつ目は、管理能力、組織運用能力を持っていて、やるべきだと信じていることを実際に実現するために事を動かせなければならない」 え〜っと、つまり……もうちょっと具体的に言ってくれないかな……

It's not enough to have the idea "We will ...", I don't know, "launch the lifeboat", but you have to organize the way in which the lifeboat gets launched.

「つまり、例えば '救命ボートを下ろす' というアイディアだけじゃだめで、'下ろす' という作業を計画実行しなければだめだ」 なるほど、イメージわいた。

Otherwise your good idea never actually gets put into practice.

「そうでないと、よい考えも実際に実現されずに終わる」 '絵に描いた餅に終わる' か。確かに、そういうことって現実には結構起こることかも。なるほどね。

So you've got to have those two things.

あっ、話の締めだ 「ということで、このふたつがなければだめだ」 なるほど。

どうでしたか。少し、整理された感じで、メリハリ感、納得感が違いましたか?

これが線形で聞く感覚と、立体的に聞く感覚との違いなのです。ここで使った例では、「1点目、2点目」といった目印になる表現もあったので、話の組み立てとしては比較的分かりやすいものでした。本書でこれから学ぶ典型的な英語の「話の組み立てのパターン」をいくつか頭に入れておくことで、もっと入り組んだ話の場合でも聞き取りが随分違ってきます。**線形でごちゃごちゃと複雑に聞こえていた話が、はるかにクリアに感じられ、スピーカーのメッセージがしっかりつかめる感覚で話を聞き取れるようになってきます。**

さあ、それでは、こうした立体的で、メリハリのある感覚で聞き取りができる力を少しでもつけることを目標に、一緒に学習していきましょう。

② 話の組み立てを構成する基本要素

英語的な話の組み立てを詳しく学習する前に、まず＜パラグラフ＞の構成要素を簡単に確認しておきましょう。＜パラグラフ＞とは、「まとまった意思を表現するための最小のまとまり」です。その中の一文一文は等価ではありませんから、ただ線形に聞き進むのではなく、それぞれの文が＜パラグラフ＞の構成要素の一部として「**ある役割をもって、重みの異なる情報をくれている**」という意識をもって聞き取れることが大切になります。

メインポイント

スピーカーが伝えたい大きな論点（結論）のことで、それを簡潔にまとめた文を指します。

サポート

メインポイントを聞き手に納得してもらうための説得部分です。話者が自分の言ったことについて「なぜそうなのかというと……」「実際にそうなのです、その証拠に……」「なぜそんなことを言うのかというと……」などと説明して、聞き手に「なるほどね」と納得してもらう部分です。以下のようないろいろな情報がきます。理由を列挙したり、具体例を挙げてみたり、事の顛末ならば時系列的に説明したり、論理的に証明したり、比較や対照をしてみせるなど、いろいろなやり方で情報を提示して、聞き手に自分の言っていることに納得してもらうわけです。

> ・原因・理由などの説明
>
> ・言い換えなども含めた詳しい説明
>
> ・データや数字や逸話なども含めた例の提示
>
> ・利点・マイナス点や重要性の説明

挿入

パラグラフで述べようとしている論点の本筋とは直接関係ない部分です。相手の理解を
促進する目的で「挿入」される場合や、**純粋な脱線**として「挿入」される場合があります。

論旨に関係のある挿入の例

- ・話の内容についてのおことわり
- ・相手の疑問や反論、反発の先取り
- ・誤解を防ぐための説明
- ・背景説明

論旨に関係のない脱線の例

- ・論旨に直接関係のない自分の意見など
- ・論旨には直接関係ないが、聞き手が興味を持ちそうな情報
- ・まったく無関係な事柄、思いつき

それでは、パラグラフを構成するこうした要素を頭に入れて、早速、具体的な学習に入り
ましょう。

英語は説得型コミュニケーション

1　英語は「結論を言って、説明を加える」

この章では、まず英語コミュニケーションの基本感覚としての話し方の＜基本形＞を認識しておきましょう。すでに簡単に触れたように、その基本形をひと言で表すと以下のようになります。

英語は、「結論を言って、説明を加える」 が基本形

これには、ふたつの側面があります。ひとつずつ見ていきましょう。

 英語は、何かを言ったら、「説明を加える」ことが基本

第一に、何かを言ったら、まずは「説明を加える」「理由を言う」ということ。日本人が思う以上に、これが当然の形として期待されています。「何かを言ったら、説明を加える」―これで「最小単位のパッケージ」といった感覚なのです。日本人が一般的に、くどくどと説明することを嫌い、聞き手側が言外の意味を読み取れることをコミュニケーションの大切な力のひとつと捉えるのに対し、大きく前提を異にします。さまざまに**異なる文化や宗教や社会的背景をもった人々の集合体である英語圏では、できるかぎり誤解を避け、考え方の異なる人たちを説得して動かせる力こそをコミュニケーションの大切な力ととらえています。それゆえ、話す側がきちんと理由や説明を加えることがコミュニケーションの大前提**なのです。

私たちにしてみれば「わざわざ言う必要がないように思える」ような、当たり前の理由や説明でも、アメリカ人なら、当然、ひと言ふた言、後ろに理由や説明が加わると思って聞いています。それがこないと非常に「取り付く島がない」、「省かれた」感覚に聞こえるか、ときには「**礼儀正しくない**」発言にさえ聞こえてしまうことがあります。

POINT 2　英語は、「結論、次に説明を加える」が基本の順序

上記に加えて、＜順序＞そのものも、基本形の重要な特徴なのです。「結論をまず述べて、説明を加える」というのが英語的な発想の＜順序＞です。この順序の違いは極めて重要です。日本語では一般的に、背景説明や理由、さらには反対意見やそれに対する反駁などを先に述べておいてから、最後に自分の言いたい結論に導く話し方をごく自然にするのと対照的だからです。この違いが感覚として身についていないと、無意識に日本語の発想順序で英語のリスニングをしてしまいがちになり、話の本当のポイントが見えなくなったり、内容が覚えられなくなったりします。

もちろん、「結論をまず述べて、説明を加える」という単純な形や順序では事が足りない場面もあります。これをあくまでも＜基本形＞と呼ぶゆえんです。状況によっては、相手の反論を先取りして前置きしてみたり、最初にずばり結論を言うことを控えたり、両面があることを強調したりするなどのバリエーションが出てきます。こうしたバリエーションの頻出パターンについても、第4章、第6章で学んでいただきます。

とは言え、そういったバリエーションの場合でも、「結論をまず述べて、説明を述べる」という基本形はバリエーションの土台としてしっかりと存在します。バリエーションの中の構成部分に基本形が織り込まれていたり、あえて基本形から「ずらす」ことで特定のインパクトを狙ったりするわけです。したがって、基本形をベースにしてバリエーションを理解することで、バリエーションの理解もはるかにしやすくなります。

2　基本形＜結論を言って、説明を加える＞

それでは、英語圏でのコミュニケーションですべての土台となる「何かを言って、説明を加える」という基本感覚について見ていきます。この形自体はごく簡単なことのように聞こえますが、日本人である私たちにとっては、生の英語に触れる中で、意識してその感覚を強化し、洗練させていかなければ身につかないタイプの感覚です。ぜひ、無視せずにしっかりと基盤をつくる気持ちで学んでください。

EXAMPLE

こんな、ごく当たり前の場面を想像してください。

● 休暇明けに、職場で同僚のエレンと廊下ですれ違うと、エレンは足を止めて、
　にっこり笑って聞いてきます。

Tsuyoshi, how was your vacation?

さて、エレンの問いに自分が答える場面を想像してください。何と言いますか？　日本
人の方の返事でよくありがちなパターンがふたつあります。

（A） I had a great time. Thank you.

（B） Oh, we went to Hawaii, but the weather was not very
　　　 good. So, we... .

つまり、答えだけで終わってしまう方や、具体的な説明や背景から入ってしまう方が多
いんですね。この例は非常にカジュアルな会話の例なので、どちらの場合も、それほど
コミュニケーション上の問題はないでしょうが、アメリカ人の自然な感覚から言えば何
か落ち着かない会話の印象です。

（A）の場合

現場を見ていると、多くの日本人の方が、恐らく英語の不自由さもあって、この文だけ
で終わってしまう方が多いようです。もちろん、返答としてこの英文自体にはまったく
問題はないわけですが、これで終わると、アメリカ人なら恐らく何かを待つ顔で一瞬待
つか、OKと答えた上で、続きを待つように一瞬顔を覗き込むことでしょう。「何かを
言ったら、説明を加える」というのが最小パッケージの感覚であるアメリカ人にすれば、
この後ろに何かひと言説明が加わるのが自然の流れなのです。必ずしも大した理由や詳
しい説明である必要はないのです。要は、当たり前の内容であったとしても、ひと言そ
こに説明が加わることで、「唐突さ」「尻切れトンボな感じ」が解消され、関心を示して
コミュニケーションを図ってくれた人への「**最低限の礼儀を返した**」感覚になるのです。

(B)の場合

これもアメリカ人にとっては、落ち着きません。「休暇は（あなたにとって）どうだったのか」という質問に対する答えである「結論」がなかなか見えてこないからです。この例であれば、最後まで休暇に何をやったかという例を説明するだけで終わってしまう人も中にはいるでしょう。もちろん、表情から「楽しかったのだ」といったメッセージがしっかりと読み取れる場合は、特に気にせずに聞いてもらえるでしょう。しかし、表情からも「楽しかったのか、楽しくなかったのか」「エキサイティングだったのか、退屈だったのか」といった、「結論」が伝わってこないと、アメリカ人であれば、「話がどこに行くのか分からない」「どういう顔をして聞いてあげればよいのか分からない」といった、**落ち着かない感じをもって話を聞くことになってしまいます。**

EXAMPLE　見本例

それでは、英語コミュニケーションの基本感覚に沿った、より自然な返答はどんな感じでしょうか。いくつか例を挙げてみましょう。

1 Oh, it was great! We drove up to Niagara Falls, and then to New York City. We had a wonderful time!

すごくよかったよ。 ナイアガラの滝まで車で行って、そこからニューヨークに行ったんだ。とっても楽しかったよ！

2 It was relaxing. I've been very busy lately, so I decided just to stay at home and relax and re-charge. And I really needed that.

のんびりできたよ。 最近すごく忙しかったものだから、ここにいることにして、ただのんびりして、英気を養おうってことにしてね。本当に、そうしてよかったよ。

3 It wasn't too bad. We went to Hawaii. We were hoping for good weather, but unfortunately it rained half the time we were there. We still got to do a lot of things, and the kids were happy. So, it was good.

まあまあってとこだね。 家族でハワイに行ったんだ。天気がいいことを期待していたんだけど、向こうで半分くらいは雨に降られちゃって。それでも、まあいろいろとできたし、子供たちは喜んでいたから、まあ、よかったよ。

そうなのです。このように、まずすっきりと結論を伝えて、全体像を見せてあげる。そして、具体的に、ひとつでもふたつでも、簡単に説明を加える。このふたつのポイントをおさえるかどうかで、相手に与える印象が大きく変わります。

あまりに簡単なことですが、現実には非常にズレが生じる部分です。現場で、よくこのズレを目撃します。母国語でない不自由さから、特に言葉少なになりがちな英語でのコミュニケーションですが、この点をしっかり意識して、「結論を言って、説明を加える」で最小パッケージ、という感覚を自分の中につくり込んでおくことが大切です。是非、この感覚をつくり込んでいく意識で、前ページの見本例を音声で聞き込んでください。

ここで、<基本形>の形と特徴を整理しておきましょう。立体的に構造を示すと以下のようになります。

基本形

> **メジャー・ステートメント**
> [**メインポイント**（最も言いたいこと）または**トピック**を宣言する文]

>> **サポート**
>> [メインポイントに納得してもらうための説明]

So, | メインポイントの再提示

論理的、明確に意思を伝える

アメリカでは小学校や高校で、この型を徹底的に叩き込まれるようです。留学生も、ESL(English as Second Language)の授業でまず教えられるのが、英語以前に、この型だったという話も聞きます。先ほども簡単に触れたように、大きく異なる文化や宗教や社会的背景をもった人々が集まった社会で、互いにできるかぎり誤解を避け、考え方の異なる人たちを説得して動かしながらやっていくという状況を反映しているコミュニケーションのかたちだと言えるでしょう。話者が訴えたいポイントが最初に来ることで話の枠組みがクリアに与えられ、その枠組みの中身をしっかりと埋めていく感覚で、聞き手に納得してもらうために必要な理由や説明が与えられる、という流れです。「聞き手にとって、話者のメッセージが正確に理解しやすい」というのがこのかたちの特徴です。

活躍場面

論理的、客観的に意思を伝えるのが適切である場面で使われます。つまり、聞き手に対するマイナスの心理的インパクトに配慮する必要が特になく、何よりも「こちらの意見と、その根拠が明確に伝わる」ことが重要であるときに最も適切に使われます。

形の特徴

まず自分の言いたい「結論（メインポイント）」が、メジャー・ステートメントとして述べられます（場合によっては、その前に「主題（トピック）」を述べる文がまずくる場合もあります）。これによって聞き手に「話の行き先」をまず大きく示しておいてから、それに納得してもらうためのサポートに入ります。英語圏の人だと、「結論」をまず聞いた時点で「ほ〜。じゃ、説得してください」と、次には詳しい説明を自然な流れとして待ちます。

ポイント 1　サポートは 3 つが落ち着く

簡単な内容であれば別ですが、しっかりと分かってもらったり、相手を説得したりする必要があるような話になれば、サポートは 3 つ置くのが説得力があり、効果的だと言われています。

ポイント 2　So の後ろに注目

特にサポート部分が長くなると、サポートのあとで、もう一度、別の言い方で結論を言って締めてくれるのが一般的です。このときの旗印によく使われるのが **So** です。So ときたところで、「それまで言ってきたことを、もう一度まとめてくれるな」と思って聞くことができます。最初でメインポイントを聞き逃した場合も、途中のサポート部分があやふやだった場合も、最後にもう一度話し手の結論が聞けるチャンスがあるわけで、**So に注目することは、論旨をとらえる聞き取りのひとつの大きなコツになります。**So のほかに **And** や **Therefore** などもよく使われます。

リマインダー **1**

＜基本形＞以外のパターン

「結論をまず言う」という話し方が基本ですが、もちろん、英語のコミュニケーションでも、相手を気遣って、ズバリ結論から突入することを避ける場合があります。また、簡単にはひとつの立場で結論を言い切ることができない場合もあります。そのような場合の話の組み立ての形は、＜フィードバック形＞（第6章）や＜止揚形＞（第7章）として別章で扱います。コンテキストに合わせた、基本形の「変形」「調整」と捉えることで、そうした話し方の特徴や狙いなどを、より鮮明に、整理して捉えていただけると思います。

リマインダー **2**

＜基本形＞が応用の原点

これから学ぶことは、言うまでもなく例外のたくさんある類の話です。ただ、「最大公約数」的な意味で相手の基本形を理解し、その理解を頭に置いて話を追い、それに即してコミュニケーションがとれれば、大きな誤解や行き違いの少ない、よりよいスタートが切れると言えるでしょう。それができる力を土台としてしっかりもっておけば、相手の個性やその場の環境や状況をよく見た、より丁寧な応用ができる力もはるかに効率よく身につけていけるでしょう。

② 英語のコミュニケーションの＜基本形＞

② 実例サンプルで体感

この＜基本形＞の理解を深め、感覚レベルに落とし込むために、実際の英文の中で＜基本形＞を体験しましょう。実際のスピーチや会話から、＜基本形＞の例を抜粋しました。このサンプル英文を利用して＜基本形＞に納得し、感覚をつかんでください。

具体的な学習方法としては、解説を読んで音声を聞き込むことも可能ですが、例えば、下のようなステップに沿って学習することでより効果を上げることができます。

☛ K/H システムの基本学習法を使った英語力強化のための学習ステップ
と、本書の全 EXAMPLE および実例サンプルの語句解説が私たちのウェブサイトで見られますので、ご活用ください。
⇒ http://www.kh-system.com/

STEP 0 まずは英文の音声を聞いて自分の感覚の現状把握をする

現状把握をしておきたい人は、是非やってみてください。話の組み立てをしっかりと把握したあとの感覚との違いを味わうのも、学習に効果があります。

STEP 1 立体トランスクリプトと解説で話の組み立てを確認

＜基本形＞の形に沿った話の組み立てが視覚的に分かるように、トランスクリプトはすべて立体にしてあります。意味や解説で英語自体の理解も深めておきます。

STEP 2 立体トランスクリプトを目で追いながら聞き取りのシミュレーション

音は聞かずに、立体トランスクリプトの英語を目で追いながら、英語が聞こえてきているつもりで、論旨をしっかりと追った聞き取りのシミュレーションをします。

STEP 3 音声で音として英語を聞きながら、話の組み立てを味わいながら聞く

音声を聞きながら、＜基本形＞の形をしっかりと味わいながら、論旨をしっかりと追う聞き方の感覚をつかんでいきます。

STEP 4 シャドーイングで感覚をさらに根づかせる

英文と＜基本形＞をしっかりと味わいながらシャドーイング * をやり込んで、感覚を根づかせます。 ☛ シャドーイングのやり方については次ページ参照

英語学習ツールのチャンピオン　シャドーイング

シャドーイングは、今ではとてもよく知られるようになり、多くの英語学習者が挑戦したことのある練習ツールになりました。Ｋ／Ｈシステムでも、『基本編』『中級編』で紹介した実戦的英語力強化のための学習では、中核的な学習ツールとして使っています。

■ やり方 ■

やり方はいたって簡単です。英語の音声を聞きながら、聞こえてきたことをそのまま真似して口に出して言いながら、影のように追いかけながらそのスピーチについていきます。最初は、「英語を口に出すこと」と「スピード」に慣れていない人だと難しい作業です。それに「聞きながら話す」こと自体にも慣れていないこともあり、尚更です。「できない！」とすぐにあきらめないこと。

練習のコツは、**英文をよく見て、英文の文法構造と意味に納得してからやること。**これをやってからシャドーイングするのと、そうでないのでは効果の面で後々、雲泥の差になります。また、最初は、**音声をよく聞いて音とリズムを確認し、さらに聞きながら真似して音読することで慣れて、徐々にシャドーイングしてみる**のがよいでしょう。

■ シャドーイングの一般的な目的 ■

シャドーイングはいろいろな目的で使えます。効率が一番悪いのは、目的意識なく、ただ「ひたすらシャドーイング」する場合です。英語力の基盤を作る学習が目的だった『基本編』や『中級編』では、英語の音とリズムの感覚を身につけたり、英文の構造に対する感覚を強化したり、英語の意味と音とを自分の中で一体化させて「英語を英語で理解している感覚」に近づけたり、使われている英語を「自分ですぐ使える駒」にするなど、ステップに沿って、いろいろな目的にシャドーイングを活用しました。身につけようとしている力を本当に自分の体の一部、

感覚の一部にしていくには非常に効果的な訓練ツールです。また、「スピード」の要素も入る練習法なので、学んだことを「実戦力」「瞬発力」にまで仕上げるには最強のツールだと思います。

■ 本書におけるシャドーイング作業の目的 ■

本書では、英語力そのものを強化する学習に焦点を当てていないので、本書でやるシャドーイング作業の目的は**「話の組み立て」の感覚を自分の中に染み込ませる**ことになるでしょう。英語力自体がまだ低くて、シャドーイングの負荷が高すぎてついていけない方は無理する必要はありません。少し余裕のある人なら、ぜひ挑戦してみてください。以下のどちらの方法でされても結構です。

- **A)** トランスクリプトを見ながら、話の組み立て構造を味わいながらシャドーイング
- **B)** トラスクリプトを見ずに、立体的な構造を強く意識して、自分でスピーキングしているような感覚でシャドーイング

■ 作業上のコツ ■

- 最初は小さな声でぶつぶつとつぶやくように言いながら慣れるとよいです。
- あまり大声でやらず、力まずに楽にやります。音声の音量をあまり大きくしすぎないようにするのもコツです。
- 自分の声が少し聞こえた方がやりやすい人もいます。ヘッドホーンでやる場合、片耳を少しずらして自分の声が少し聞こえるようにしてやってみましょう。
- 1、2回でできるものではありませんから、10回以上はやり込むつもりで挑戦しましょう。負荷が高すぎる人は、音声をよく聞いては音読するようなやり方に切り替えてやればよいと思います。

> When I first arrived here we were a very, very small company.

> In fact, in our office we had 28 people total and
> I believe there were five American staff
>   that were ahead of me that came in.

So, we were just starting to grow.

解説 日系企業の人事部門で働くジェネラル・マネジャーが、日系企業に就職した当時のことを語っている内容からの抜粋です。[出典：John Baylis － K/H Interview]

· ·

理解見本 私が最初ここに来たときは、ここはとても、とても小さな会社だったんです。実際、うちのオフィスは社員が全部で 28 名で、確か 5 人のアメリカ人スタッフが私より先に入社していました。ですから、まさに成長のスタートを切ったばかりだったんです。

· ·

語句

... were ahead of me
「私より先だった」

American staff ... that came in
「入社していた……アメリカ人スタッフ」

実例 SAMPLE 2 12

> What is typical for a woman of my generation, I have a job history rather than a career,
>
> > because when I was growing up, the only positions which were really open for women, at least in my culture, were that of a secretary, and nurse, and cook. And they really were not professional positions.

解説 連邦政府の安全衛生関連機関の仕事、ホテル経営者、地方自治体職員などを経験した米人女性のインタビューから。

[出典：Elizabeth Stanford － K/H Interview]

理解見本 私の世代の女性には典型的なことなのですが、私は、キャリアというよりは職歴を積んできたと言えます。というのも、私が育った頃は、女性にとって本当に開かれていた仕事というのは、少なくとも私の生まれ育った文化では秘書や、看護婦や、コックといった仕事で、しかも、そういった仕事も本当のところ、専門職的な仕事というのではなかったんです。

語句

What is ...
これで、「…なことに」「…なことなんですが」といった前置きのようになります。

job history
「仕事の経歴」という意味ですが、「キャリア」がひとつの専門分野で経験と専門性を積んでいく形での経歴であるのに対比して使っています。

I like the personal freedoms that we have today.

I like the fact that we're able to move about freely, to change careers if we want to, to change companies if we want to, and to really do all of the things that we want to do to be happy and to be successful and to feel like we're making a contribution.

解説 在米日系企業のエグゼクティブ・マネジャーのインタビューから抜粋。アメリカが好きであるか、という質問について答えている部分。

[出典：Sam Heltman － K/H Interview]

理解見本 今日私たちが手にしている個人の自由というものが、私は好きですね。自由に行き来ができること、望むなら仕事を変えられること、望むなら会社を変われる、ということがいいと思います。そして、要は、自分が幸せであるために、成功するために、そして何かの役に立っていると感じられるために、望むことは何でもすることができるということが、いいと思いますね。

語句

to move about
直訳的には about で「辺りを」という感じなので、非常に漠然と**「動き回る」「行き来する」**。

to change careers
「ひとつのキャリアから別のキャリアへと変わる」という意味で、careers と複数になります。次の to change companies も同様。

really
really は「本当に」という意味ですが、ここでは**「要は」**のように、自分の一所懸命説明していることを、ひとつの言い方でまとめるような感覚で使われています。「本当に」だけでなく、この「要は」の意味でもよく使われます。

all the things that we want to do
「やりたいことすべて、やりたいことは何でも」という、ひとつの大きな名詞のかたまりです。things ＋ [修飾節] は非常によくあるパターンの表現で、ネイティブにとっては**これ全体で一単語のまとまりの感覚**なんですね。私たちもその感覚でこのつくりに慣れておくと聞き取りが楽になります。

to make a contribution
to contribute のコアの意味は、**「あるもの(こと)にプラスになる、貢献する」**です。「あるもの(こと)」が例えば '基金' であれば、「寄付をする」の意味にもなるわけです。

説得型コミュニケーションの意味

「何かを言ったら、説明を加える」という感覚は、私たちの思う以上に英語でのコミュニケーションでは深い意味を持ちます。「理由を言わない、説明をしない日本人」とは、在米日系企業のアメリカ人社員の不満としてよく上げられるもののひとつです。

単純化のリスクを覚悟して一般論として言うと、少なくとも**米国の文化においては、大人同士のコミュニケーションは「対等な大人同士の関係」を前提**とします。雇用関係、その他の力関係がしっかりと存在する場合でも、大人同士の礼儀の基盤はそこに置かれていると考えてください。そうすると、相手がたとえ目下の者や立場の下の者であっても、「子供扱い」「ロボット扱い」した印象になる話し方をすれば、基本的に「礼を失する」「きつい」話し方という印象を聞き手に与えることになります。

さて、そうすると**「大人に対する話し方」と、「子供に対する話し方／ロボット扱いの話し方」との違いは何か**、ということになります。「一人前の大人」と「子供やロボット」との違いは、**「自分の頭で考えて、判断する力」**なのです。ここでまさに、**「何かを言ったら、理由を言う」**ということが非常に重要な意味をもってくるのです。相手を「自分の頭で考えて、判断する力」をもつ一人前の人間として見るからこそ、相手に「自分の頭で考えて、納得して動いてもらえる」ような**「説得型のコミュニケーション」**をとるということなのです。つまり、**「相手が納得できるための最低限の情報や説明をきちんと与えるコミュニケーションのかたち」**をとるということなのです。

もちろん、個人差や社風の違いなどで、こうしたことは一概に言えない面もありますが、社会の最大公約数的な違いとして、このことを頭に置いておくことはとても大切です。立場などの違いから力関係に上下がある場合でも、ある程度教養ある、品格のある人であれば、大人同士のコミュニケーションの当たり前の「礼儀」「マナー」として、こうした、理由や説明をきちんと述べる「説得型のコミュニケーション」を自然に使うようです。

3 ＜基本形＞ミニドリル

> ## ミニドリル
> ### ＜英語は、結論を言って、説明を加える＞

さて、この「結論を言って、説明を加える」でパッケージと感じる感覚に少し慣れていただけたと思います。ここで仕上げとして、簡単な例題を使い、自分でも同じ感覚で英語をつくる練習をして、この感覚をさらに自分の中に根付かせましょう。先ほどの実例サンプルと同様、ミニドリルの見本例も音声に入っていますので、同じステップを使って聞き取り練習と体得練習もすることができます。

ドリル1

●同僚のベッキーが疲れ顔のあなたを見てひと言。

> **Satoshi, you look like you had a long day. Are you tired?**
> さとしさん、頭の痛い一日だったご様子ですね。お疲れですか？

I guess I am. / I am exhausted. / Oh, no. I'm just fine. など、答えはいろいろと考えられますが、そこで終わってはいけません。自分で状況をつくって構いませんから、「何かを言ったら、説明を加える（理由を言う）」で最小単位のパッケージに仕上げてください。

内容はここでは自由ですから、ちょっとした理由や説明を、サッと後ろに付け加えて、そこでやっと落ち着く。その感覚に慣れてください。以下はあくまで参考例です。このくらいで「いちパッケージ」という感覚を刷り込むのに使ってください。

1 | Yes, I had a very long day.

I just came out of a meeting with a supplier. There were lots of problems, and the meeting went on for three hours!

うん、大変な一日だったよ。たった今、業者さんとの会議が終わったんだ。いろいろ難問だらけでね、3時間もやってたんだよ。

2 | I guess I am.

It's funny but I think the jet lag is finally getting to me.

そうみたいだなあ。おかしなもんで、時差が今頃になって出てきたみたいですよ。

3 | You know, I am feeling kind of tired.

I hope I'm not coming down with something.
I heard there's a cold going around.

そう言えば、確かにしんどいなあ。風邪じゃなきゃいいんだけど。どうも、風邪が流行ってるらしいからなあ。

* to come down with ... =「風邪や流感にかかる」

4 | Oh, no. I'm just fine.

I just have a lot on my mind right now.
I have too many things going on.
But thank you for asking.

いやあ、大丈夫。ちょっと考え込んでいただけですよ。あまりにもいろいろなことが一度に起こってるもんですから。でも、気にしてくれてありがとう。

ドリル2

●駐在でアメリカに到着して3ヶ月が経ち、遅れてきた家族も合流して、何とか生活が落ち着いてきた頃。ミーティングのためにぞろぞろ集まってきた同僚たちが無駄話をしながら全員集まるのを待つひととき。クリスがにっこりと聞いてきます。

So, Satoshi-san, are you enjoying it here so far?

やあ、さとしさん、今のところ、ここでの生活は楽しんでいらっしゃいますか。

ここでも、「はい、おかげさまで」で終わってしまうと、「取り付く島のない感じ」は日本人の私たちが感じるよりも強いものです。すっきりと、ひと言、ふた言説明を加えて初めて、落ち着きます。

 18-19

1 | Yes, thank you, Chris.

> I have my family with me now, too.

So, | I'm really starting to feel at home here.

いやあ、クリスさん、ありがとうございます。おかげさまで、家族もこっちに来ましたから、これで、本当にここで落ち着いてきましたよ。

2 | Yes, of course.

> Everything is new and exciting to me.
> And people here are very supportive.

I am really enjoying working here, Chris.

ええ、もちろん。すべてが新しくて、面白いですよ。それに、ここの人たちも、皆さん、とてもご親切にしてくださるので、おかげさまで、ここでの仕事はとても楽しんでいますよ。

ドリル**3**

●駐米も一年。英語も少しは慣れてきた頃。とは言え、長い英文書類にいつも頭をかかえる毎日。同僚のトムが仕上げている報告書も長くなりそうな様子。英語に苦労している人間としては、報告書に簡単なサマリーをつけてほしいと切実な思いはつのります。ここは一番、皆のためにもと意を決して、トムに提案します。

Tom, could you attach a summary to your report?
トムさん、報告書に要約をつけてもらえませんか。

今度は、自分から相手に向けた言葉です。すでに了解ができていて相手にとっても説明のいらないようなことでない限り、この場合も説得型のコミュニケーションに必要な「最低限の情報」がないと、「唐突」で「押し付けている」ような響きになってしまいがちです。簡単な情報、当たり前に思える情報でもよいのです。相手にそれを提案する理由、その提案の利点を簡単に述べます。相手に情報をあげて、その情報をベースに相手が「納得して」動ける形にしてあげるステップが踏まれていることが、ごく自然な流れなのです。

 20-21

1 | Tom, could you attach a summary to your report?

> I know it would help the Japanese associates a lot. You know, reading documents in English takes us a long time.

トムさん、報告書に要約をつけてもらえませんか。日本人社員が助かることは確かです。文書を読むのは、英語だと、私たちは結構時間がかかりますから。

2 | Tom, could you attach a summary to your report?

> Japanese associates would really appreciate it, because it's very hard for us to read long reports in English.

トムさん、報告書に要約をつけてもらえませんか。多くの日本人社員が感謝しますよ。というのも、私たちには結構大変なんですよ、英語で長い報告書読むのって。

それでは、次章では、この＜基本形＞のサポート部分をより詳しく学習することで、＜基本形＞の理解を一層深め、聞き取りの力をさらに実戦的なレベルへと強化していきましょう。

スピーキングの視点から リスニング力強化の視点へ

ミニドリルでは、皆さんがスピーキングをするという場面設定を用いて「話の組み立て」（ロジック）の練習をしていただきました。この意図は、スピーキングの例を使った方が英語と日本語の発想順序の違いを感覚的にもよく分かって、納得していただけると考えたからです。特に、英語をコミュニケーションの手段として使っている方々には、ピンときたことだろうと思います。

聞き取りとスピーキングは基本的には同じ根から出たふたつの現象です。本書では、主に高度な聞き取り力を目指して「聞き取り」中心に解説と練習をしていきますが、つねに「スピーキング」に生かそうとする視点をもって学習されると、スピーキング力も大いに上達するはずです。K/Hシステムの長期企業研修などでは、「聞き取り」と「スピーキング」練習の両方にロジックの視点を応用しています。

① サポートにもいろいろな種類がある

この章では、何かを言ったあとに続く<サポート>について少し詳しく見ていきましょう。<サポート>の役割は、自分の言ったことが聞き手に「なるほど」と納得してもらえるための情報を与えることでしたね。すぐに頭に浮かぶのは「理由・原因」や「例」だと思いますが、聞き手に「なるほど」と納得してもらうアプローチには、このほかにもいろいろなものが考えられます。分類して理解する必要もありませんが、例えば、以下のように多様な角度から「相手を説得する」ことができるわけです。

「なるほど、そういうことを言ってるのね！」

「ん、どういうこと？」と理解がまだ中途半端な聞き手が、詳しい説明や具体例を聞くことで**すっきりと理解ができて**、「ああ、そういうことを言っているんだ」などと、話の内容に納得できる

「なるほど、そういう理由なんだ！」

「どうしてかなぁ……」と思っていた聞き手が、原因や理由などの背景情報をもらうことで**理屈が納得できて**、「ああ、そういう事情か、そういうことがあったのか、そういう仕組みでこうなるのか」などと話の内容に納得できる

「なるほど、本当にそうなんだ！」

「本当にそうなのかな……」と思っていた聞き手が、具体例や、数字・データ、実際の逸話（ストーリー）などによる例などを聞くことで**説得されて**、「ああ、実際にそうなんだ、本当にそういうことがあるんだ」などと話の内容に納得できる

「なるほど、イメージがわいた！」

「はい、そうですか」と概念的にだけ理解した聞き手が、具体例や、数字・データ、実際の逸話や仮定のシナリオ（ストーリー）などによる例などを聞くことで**いきいきとしたイメージがわいて**、「ああ、そういうことか、そんなに……なんだ、そんなことがあるんだ」などと話に納得できる

「なるほど、そういう意味合いがあるんだ！」

「え、それが何なの？」と話者のポイントの重要性や重さなどの意味合いがピンときていない聞き手が、利点・マイナス点や意義、重要性などの説明を聞くことで、**大切さに納得し**、「ああ、そういう意味合いがあったか」「ああ、それは重要だ、意味があるな」などと話の内容の重みに納得できる

こんなふうに、クリエイティブに、いろいろな方法で聞き手に理解して、納得してもらうことができるわけです。

英語では、いろいろなサポートを使って、戦略的に相手を説得する

先ほども述べたように、こうしたいろいろな<サポート>を厳密に分類して理解しておく必要はありません。ただ、いくつか典型的なアプローチに慣れておくと、聞き取りで大きなプラスになります。そこで、ここでは最も典型的だと思われる4つの種類に馴染んでいただこうと思います。

この4つの種類に慣れておけば、聞き取りで、サポート部分の内容をある程度、予測して聞くことができるようになります。最終的には、スピーキングでも、聞き手と状況に合わせて「相手に最も納得してもらえるサポート」を選んで戦略的に話せるようになれば、本格的なコミュニケーションのスタートが切れます。

それでは、いろいろなかたちでサポートしてくれる英語のコミュニケーションのスタイルを味わい、典型的な<サポート>に慣れるために、具体的なサンプルを使って勉強しましょう。

❷ 4つの典型的なサポートを味わおう

こんなシーン（場面）を想像してください。

SCENE A •━━━━━━━━━━━━━━━━━━━━━━━━━━•

●東京本社でのカクテルパーティー。久しぶりに会ったジムに声をかけます。
How are you doing these days, Jim?（最近、どう？）
ジムは開口一番、こう答えます。

It's been really hectic, Yoshiko.

（いやあ、忙しくってねぇ。）

日本人同士なら、まずここで一息。あとは聞き手の側から「ああ、そう。相変わらずだ
ねえ。何、例の…の件で？」などと追いかけて質問して話が進むのが自然かもしれませ
んね。一方、ネイティヴスピーカー同士だと、話し手がこれだけで終わることはまずあ
りません。＜基本形＞の感覚ですから、これからが話の楽しいところ。さらにサポート
の情報をくれるだろうと当然期待して、話の続きを楽しみに待ちます。

SCENE A - 見本例1　　　　　　　　　　　　　　 23

ヘ〜、「忙しい」って、どんなふうに？

It's been really hectic, Yoshiko.

I've been working without a day off for the
past three weeks.

（この3週間、休みなしだよ。）

なるほど、「忙しい」って、そんな感じで忙しかったんだ。イメージがわいて、「忙しい」
の状況が少し詳しく、具体的に理解できましたね。

それでは、こんな状況はどうでしょう。

SCENE B

●同じようなカクテルパーティー。数ヶ月前に会ったときに、米国から近々赴任してくる新しい上司について随分心配をしていたジェーンに、
So, how's your new boss, Jane? (で、今度の上司の方はどうですか？)
と、新しい上司について尋ねます。

He is really great.
（本当に素晴らしいんですよ。）

これだけでは、面白くないですよね。詳しく聞きたいところです。

SCENE B - 見本例1　　　24

へ〜、「素晴らしい」って、どんなふうに？

He is really great.

He seems to be a very effective manager.
We're all inspired by him.
（すごく優秀なマネジャーっていう感じでね、みんな、すごくやる気になっていますよ。）*to inspire ＝人にやる気や勇気を与える

どんなふうに 'great' なのか、**少し詳しく分かってきましたね。**上司として優秀で、部下たちが「よし！」「がんばろう！」「俺も、ああなりたい」などと、気合が入って、やる気になっている様子が伝わってきて、'great' という描写に肉付けがされましたね。

このふたつの例では、スピーカーは、最初のメインポイントのステートメントでは伝わりきらない情報を肉付けしてくれています。より詳しく、少し具体的に分かってもらおうと説明してくれているわけです。聞き手の頭に浮かぶ、「へ〜、それってどういうふうに？」「具体的に、どういうこと？」といった疑問に答えてくれている感覚のサポートですね。

まずは、言いたいことの結論的なコアをスパッと一文（メインポイントの文）で言い切って話を始めるのが英語の＜基本形＞だとすると、やはり、どうしても一文では分かりにくいことを後ろで詳しく言い換えたり、言い添えたりしてサポートしようとするのは、ごく自然な流れと言えますね。日本語のコミュニケーションのように、細かい背景や詳細を詳しく言いながら、最後に言いたいポイントにたどり着く順序じゃないわけですから、当然のことと言えます。第2章の実例 SAMPLE 1 (p. 42)／実例 SAMPLE 3 (p. 44) が、この＜より詳細な説明＞のサポートのパターンでした。

> **▶ アプローチ 1 ＜より詳細な説明＞**
> より詳しく説明してくれる
> > 「つまり、こういうことだよ」
> > 「言い換えると、こういうことだよ」
> > 「詳しく言うと、こういうことだよ」

こんなふうに話が進むこともありますよ。先ほどの Scene A を例に見てみましょう。「最近どう？」と聞いたら、「いやぁ、忙しくってね」と答えたジムの例です。

SCENE A - 見本例2　　　🎧 25

へ〜、「忙しい」って、どうして？

It's been really hectic, Yoshiko.

I had two important presentations I had to prepare for. On top of that, an important client was visiting with us for the whole week.
（重要なプレゼンをふたつ控えてて、その準備があってさ。その上に、大事なクライアントが丸1週間訪問で来ていてね。）

なるほど、「忙しい」って、そんな事情があったんですね。ジムが忙しかった**具体的な背景、理由**が分かることで、彼の「忙しさ」がより納得できますね。

それでは、先ほどのもうひとつのシーンの方でも見てみましょう。新しい上司を‘great’だと言ったジェーンの例です。

SCENE B - 見本例2 （🔊 26

へ〜、「素晴らしい」って、どうして？

> He's really great.

> First of all, he really knows about the business, and we learn so much from him. And he's also great because he truly listens to our ideas.
> （まず、業界のことをすごくよく知っていて、とても勉強になるんですよ。それから、彼がすごいのは、私たちの意見を本当に聞いてくれるんですよ。）

ジェーンが、どういう理由で、どういう根拠で新しい上司を‘great’だと判断するのかが分かることで、とても理解が進みますね。「よい上司」像も、人によっていろいろあり得るわけですが、ジェーンは、自分が今度の上司を‘great’と感じる**理由**を分析的に、合理的に挙げてくれました。

ということで、ここでのふたつの例では、スピーカーは、最初のメインポイントについて、その理由、原因、根拠などを述べています。**人間、納得するには、往々にして理由や状況や背景などを聞きたくなるもの**です。「なぜ、そうなのか」の仕組みや理屈が理解できてはじめて、「なるほどね」と納得できる場合が多いものです。そこで、聞き手が「いったいなぜ…なのかなぁ」と疑問に思いそうだと感じれば、その事情や理由、原因を客観的に分析して伝えるわけです。原因結果の関係や背景にある事情や理屈を合理的に分析して説明することで、聞き手に、しっかりと納得感をもって理解してもらうわけです。聞き手の頭に浮かぶ、「へ〜、それってどうして？」「何が原因なの？」「え、どういう理屈でそうなるの？」「何を根拠にそう言えるの？」といった疑問に答えてくれている感覚のサポートですね。

> ### ▶ アプローチ 2 ＜原因・理由などの説明＞
> **原因・理由・根拠などを説明してくれる**
>
> 「どうしてかっていうとね、……」
>
> 「理由はね、……」
>
> 「どうしてそう言えるかっていうとね、……」
>
> 「どういう理屈でそうなるかっていうとね、……」

この＜原因・理由などの説明＞のサポートは、私たち日本人にとっては恐らく最もなじみのあるサポートの種類でしょう。＜詳しい説明＞のときのサポートの感覚との違いを味わいながら聞いて、感覚的に慣れてください。

次に、こんな例を見てみましょう。これも私たち日本人にはすんなり入ってくるタイプのサポートだと思いますよ。

新しい場面を使って見てみましょう。

> ## SCENE C ···●
>
> ●日本での3年間の駐在を終えてアメリカに帰国するマイケルが、日本での生活を振り返って同僚の博志について述懐しています。
>
> **Hiroshi has been such a great friend to our family.**
>
> （博志さんは本当に私たち家族にとって素晴らしい友人でいてくださいました。）

「素晴らしい友人であった」というのは、メッセージとしてはとてもクリアですね。でも、具体的にどんなことで友人としてありがたかったのか、その辺りを少し詳しく聞きたいですね。

SCENE C - 見本例1　🔊 27

へ〜、「素晴らしい友人であった」って、例えば？

> **Hiroshi has been such a great friend to our family.**

> **I remember, once, our baby got sick and we had to bring her to a hospital at night. Hiroshi came and stayed at the hospital all night with us.**
>
> （例えば、うちの赤ん坊が病気になって、夜中に病院に行かなければならなくなったことがあるんですよ。博志さんは、病院に来て、一晩中私たちと一緒にいてくれたんですよ。）

なるほど、「よい友達であった」ことのひとつの例が、**具体的なエピソード**で語られました。この例で、ほかにもいろいろとよい友人としてマイケルを助けた様子が想像され、最初のメインポイントがひとつ深いレベルで納得されますね。

それでは、もうひとつ別の例で同じような話の流れを体験してみましょう。

SCENE D

●友人のサラが、写真を見せながら、自分の子供たちの話をしています。最後に、3歳になる自分の末息子エリックについて、目を細めて話しています。

Now, my youngest son, Eric, has such a curious mind.
（一方、末息子のエリックは、ものすごく好奇心が旺盛なんです。）

へ〜、「好奇心旺盛」って、例えば？

Now, my youngest son, Eric, has such a curious mind.

For example, he spends hours in the yard watching ants go about their business.
（例えば、何時間も、庭でアリがいろんなことやってるのを見てますよ。）

「好奇心旺盛」な3歳の男の子の様子が**具体的にイメージ**されて、実に納得ですね。

ということで、今度のふたつの例では、スピーカーは、最初のメインポイントで言ったことについて、**具体的な例を挙げています**。「よい友達だった」「好奇心旺盛だ」などで概念的には分かるものの、具体的にどんな状況なのか、どんな程度なのかのイメージまではまだ伝わりません。また、「本当にそうなのかなぁ」と思っている人もいるかもしれません。そこで、具体的な例を挙げることで、聞き手により具体的に、イメージをもった理解をしてもらったり、その信憑性に納得してもらったりします。具体的な例として、エピソードのようなストーリー的なものを挙げる手もあります。聞き手の頭に浮かぶ、<u>「え？例えばどういうこと？」「本当？ 例えば？」「へ〜、具体的にどんな感じ？」といった疑問に答えてくれている感覚</u>のサポートですね。

> ## ▶ アプローチ3 ＜例による説明＞
> ### 例やエピソードなどを挙げて具体的なイメージをくれる
> > 「具体的には、例えばね、……」
> > 「ひとつのいい例はね、……」
> > 「例えば、こんなことがあったよ。……」

この<例による説明>のサポートも、私たち日本人にとっては恐らくなじみやすいサポートの種類でしょう。たくさん挙げられる例の中から、相手に納得してもらえる例を探して提示する、そんな感覚を味わいながら聞いて、感覚的に慣れてください。

さて、最後に日本人の私たちには案外、なじみが薄いかもしれないタイプを見てみましょう。再び、先ほどの、友人である博志さんについての話の例を使って見てみますよ。

SCENE C - 見本例2

「素晴らしい友人であった」って、だから何なの？

> Hiroshi has been such a great friend to our family.

> I think we were very lucky to have a friend like Hiroshi. His friendship made our stay in Japan so much easier and full of good memories.
>
> （博志さんのようなお友達がいて、私たちは本当に幸運だったと思いますよ。博志さんがよいお友達でいてくださったおかげで、私たちの日本での滞在もはるかに安心でしたし、よい思い出もたくさんできました。）

これは、博志さんが「よい友達だった」ことの理由でもないし、具体的な例でもないですよね。「よい友達だった」ことを理解しやすいように詳しく言っているという感じででもない。う～ん、これは何をしているのでしょう。このサポートを聞くことで、マイケル一家にとって、「博志さんがよい友達だった」ことが**どれほど大事なことだったか、意味のあることだったか、**そんなことが伝わってくると思いませんか？

これが、英語らしいサポートのひとつなんですね。「よい友達だった」というのが、どういう意味をもつことなのか。わざわざポイントとして挙げるほどそれが重要なのか。どういう意味で重要なのか。どういう意味合いや価値をもつことなのか。こうしたことが見えないと、聞き手には話のポイントがピンとこなくて、印象が薄くなったり、心に留め

てもらえなかったり、面白さを分かってもらえなかったりすることがあります。そこで、自分の言ったメインポイントの重み、重要性、プラス点などを説明して、「価値付けをしている」といった感じでしょうか。自分のメインポイントの「売り」を言っているともいってよいかもしれませんね。これによって、**メインポイントの重みが非常に印象付けられて、軽く受け流されることなく聞いてもらえるのですね。**博志さんがよい友人だったことが、マイケル一家にとって、「いかにありがたい、意味のあることだったか」ということが分かり、その「重み」が納得されるわけですね。

もうひとつ見てみましょう。好奇心旺盛なエリック君の話です。

SCENE D - 見本例2　　　　　　🎧 30

へ～、「好奇心旺盛」って、だから何なの？

> Now, my youngest son, Eric, has such a curious mind.

>> His grandfather, who is a scientist, says he was just like Eric as a child. So, we're pretty excited that Eric may one day also become a scientist.
>> （彼の祖父が科学者なんですが、彼は子供のときにエリックとまったく同じような感じだったと言ってるんですよ。ですから、うちでは、エリックもいつか科学者になるかもしれないなんて、結構楽しみにしてるんですけどね。）

「好奇心旺盛」だということが、ジム一家にとって、いかに「特別な」意味合いをもっていて、いかに「楽しみ」なことかが伝わってきますね。それによって、3歳の子供が「好奇心旺盛だ」ということの、**印象と味わいがずっと強くなりました**ね。

聞き手の頭の中の、「で、それがどうだっていうの？」「へ～、それってそんなに大事（すごいこと）なの？」「で、それに何の意味があるの？」といったピンとこない感じに対抗

<u>して、自分の言ったことの重みを強調する感覚</u>のサポートですね。

> ▶ **アプローチ4 ＜重み付けによる説明＞**
> **重要性や利点などを説明して印象付ける**
> 　　「これって、こんな意味があるんだよ」
> 　　「これって、こんな意味ですごく大事なんだよ」
> 　　「これって、こんな利点があるんだよ」

こういうサポートは日本人の私たちはあまり意識的にしないのですが、英語の文化では実に効果的に使われます。「˝説得のコミュニケーション˝ならでは」と言ってもいいでしょう。詳しい説明や理由や具体例を挙げて、自分の言ったことを聞き手にきちんと理解して、納得してもらうのはもちろんのこと。でもそれに加えて、自分の言ったことに「**ああ、そういう意味で大事なんだ**」「**ああ、そんなに面白いことなんだ**」「**ああ、そんなにプラスなことなんだ**」と感じてもらえることが「説得」の非常に重要なポイントになるんですね。自分の言いたいことを、聞き手に対して、心理的に「売れるかどうか」ということだと言ってもよいかもしれません。

さて、ここまでに「**何かを言ったら、納得してもらうための説明！**」という、英語コミュニケーションの＜基本形＞を見てきました。特にこの章では、その「サポート」にいろいろな種類があるので、その典型的なものとして4つのアプローチのタイプを見ていただきました。もちろん、このほかにもいろいろなサポートがあり得ますが、だいたいこの4つに慣れておくと英語の話が聞きやすくなります。

明確な「タイプ分け」にこだわる必要はありません。無理にタイプ分けするのがここでのポイントではありません。＜何かを言ったら、納得してもらうための説明！＞という英語の話のリズムと、いろいろなアプローチのサポート（納得してもらうための説明）が自由自在に工夫して使われて、話されているんだということに慣れていただくのがポイントです。

▶▶▶ ４つの典型的なサポート

アプローチ 1 ／ ＜より詳細な説明＞

より詳しく説明してくれる

アプローチ 2 ／ ＜原因・理由などの説明＞

原因・理由・根拠などを説明してくれる

アプローチ 3 ／ ＜例による説明＞

例やエピソードなどを挙げて具体的なイメージをくれる

アプローチ 4 ／ ＜重み付けによる説明＞

重要性や利点などを説明して印象付ける

③ サポートを詳しく見てみよう

❸ 組み合わせの例を味わおう

もうひとつ意識しておきたい、英語らしい話の特徴があります。それは、ひとつの＜メインポイント＞に対して、アプローチの違う＜サポート＞がふたつとか、3つとか来ることもよくあるのだということです。つまり、ひとつの＜メインポイント＞に、ひとつの＜サポート＞だけが来るとは限らないのです。実際の会話では、例えば、まず「理由」、それから「重み付け」というように、まず「詳細を説明」しておいてから「理由」を言うなど、組み合わせてくることがよくあるのです。

自分の言いたいポイントに聞き手が「なるほど！」と思ってくれるように、**いろいろなアプローチを組み合わせて、相手を説得する**。多角的に、創造的に、戦略的にサポートを加える、ということが自然に行われているわけです。先ほどの4つのシーンを使った例で、感覚を味わってみましょう。

SCENE A - 見本例1＋2　「より詳細な説明」＋「理由の説明」

> It's been really hectic, Yoshiko.

>> I've been working without a day off for the past three weeks.

ああ、そんなに忙しかったんだ……

>> I had two important presentations I had to prepare for. On top of that, an important client was visiting with us for the whole week.

ああ、そういう事情で忙しかったんだ……

> He's really great.

> He seems to be a very effective manager.
> We're all inspired by him.

ああ、そういう素晴らしい人なんだ……

> First of all, he really knows about the business,
> and we learn so much from him. And he's also
> great because he truly listens to our ideas.

ああ、そういうことなら、確かに素晴らしいや……

> Hiroshi has been such a great friend to our family.

> I remember, once, our baby got sick and we had
> to bring her to a hospital at night. Hiroshi came
> and stayed at the hospital all night with us.

ああ、そんなことがあったんだ、いい友達だよな……

> I think we were very lucky to have a friend like
> Hiroshi. His friendship made our stay in Japan
> so much easier and full of good memories.

ああ、それほど彼の存在は大きかったんだ……

SCENE D - 見本例**1**＋**2**「例による説明」＋「重み付けによる説明」

 34

> Now, my youngest son, Eric, has such a curious mind.

> For example, he spends hours in the yard watching ants go about their business.

ああ、そんなこともあるんだ……

> His grandfather, who is a scientist, says he was just like Eric as a child. So, we're pretty excited that Eric may one day also become a scientist.

ああ、そりゃ、そういうことならうれしいだろうな……

このように、言ったことについて、いろいろなアプローチの説明をするのですね。これに慣れていないと、アメリカ人の話が、単にだらだらと長いと感じてしまったり、話の途中で話題が変わったのかと勘違いして話の関連が見えなくなったりして、聞き取りの理解が中途半端になったり、完全に間違ってしまうようなことすら起こります。このほかにもいろいろなコンビネーションがあり得ますが、だいたいの感覚をつかんでもらえたでしょうか。

ということで、

① 英語的なサポートの典型的なアプローチに馴染んでおく
② ひとつの説明だけでなく、いくつかのアプローチの違う説明が続くことがあるのを認識しておく

この2点を押さえておくと、聞き取りに余裕ができ、確信をもって、正確にメッセージを聞き取るための大きな力になります。

> ✔ 説得のための説明は「理由や原因」や「例」だけとは限らない
>
> ✔ しかもアプローチの違う説明が複数くることもある

本書の「PART 2　実践練習用付録」(p. 153 〜) では、このように複数のアプローチを組み合わせて、いきいきと話を組み立てて話している生の英語の実例に触れることができます。是非、味わってみてください。

ロジカル
リスニング

PART 1
学習編

❶ ＜挿入形＞の基本パターン

🎧 36 ［第4章のはじめに］

1 ＜挿入＞の役割

これまでの章では、まず英語コミュニケーションの基本感覚としての＜基本形＞を学びました。その基本形をひと言で表すと以下のようになりました。

英語は、「結論を言って、説明を加える」が基本形

また、相手を説得するための説明部分（サポート）に、いろいろなアプローチが考えられることも学びました。いろいろなサポートを多角的、戦略的に組み合わせて相手を説得するコミュニケーションに、少し慣れていただけたと思います。

さて、ここからは、コミュニケーションにさらに奥行きが加わる形を学びます。**新しく加わる要素は＜挿入＞**です。＜挿入＞では、述べようとしている論点の本筋と直接は関係のない内容が割り込んで入ってきます。一時的に話の本筋から「脱線」する部分ですね。例えば次の発言の『…』の中が挿入部分です。

> 「英語を勉強するのって、やりがいがあるよね。『確かに、英語っていつまでたってもなかなか上手くならないし、お金も時間もかかるんだよね。』でも、やっぱり、やっていて楽しいし、充実感があるんだ。というのは、少しずつでも力がついていくのが分かるし、そうすると何だか世界が広がっていく感じがあるよね。それに、キャリアアップにもつながるし、海外で仕事をして成功したいという夢もあるからね。」

さて、＜挿入＞として入ってくるのは、メインポイントを直接サポートする情報ではないけれど、あくまでも、「聞き手がメインポイントを理解し、納得する助けになる情報」です。英語のコミュニケーションは、「今、何を説得しようとしているのか」が明確で、「そ

れを理解させる、納得させる」ことを常に目的として話が進みます。したがって、＜挿入＞の目的も、「メインポイントの理解や納得を助ける」ことに尽きるのです。

英語は、＜挿入＞で、聞き手の理解や納得をさらに助ける

「聞き手の理解や納得を助ける」ために挿入される典型的な情報をいくつか、後ほど紹介しますが、感覚としては、「聞き手の頭に浮かぶかもしれない疑問や反論などを先取りして、'おことわり'のような感じでちょっとした情報を割り込みで入れておく」という感じです。話していると、「この辺で、こんな疑問が湧くかもなあ」「こんな誤解があるかもしれないな」「これを言っておかないと分からないだろうな」「こんな反論が出るだろうな」などなど、ピンとくる場面がありますよね。そんな可能性に対して、前もってこちらから先手を打って情報を言っておく感覚です。

賛否両論あるような議論で反対意見への理解を示したり、自分の意見の限界をきちんと提示した上で自分の意見を展開したり、誤解を招かないように丁寧な注釈を織り交ぜながら話を進めるなど、英語のコミュニケーションに奥行きを加え、レベルを一段と高めるためには不可欠な要素です。

＜挿入＞は、あくまでも、本線からのちょっとした脱線ですから、「メインポイントとそのサポート」の大きな本線が見失われてしまっては元も子もありません。日本語よりも英語の方が、この「本線は何なのか？」という点をずっと強く意識して話していますから、聞き取りの際には、「話の本筋（本線）」を見失わずに、上手に'おことわり'部分を見抜きながら聞けることが非常に重要になります。話者のニュアンスまで正確につかめる聞き取りができるかどうかも、これで決まってきます。当然、どこに挿入が入るか、そのときにどのような英語が使われるかなど、特徴的なパターンがあります。そのパターンを次ページから学ぶことで、「本線」と「挿入（'おことわり'部分）」をしっかりと聞き分けて、論旨を見失わずに聞けるコツを身につけてください。

2 ＜挿入＞の基本パターン

聞き取りのポイント「挿入と本線を見分けられるか」

説明の多い日本人には、＜挿入＞の考え方そのものは比較的なじみがあって、別段、難しくはない発想ですね。私たちにとっての落とし穴は、「挿入と本線を見分けられるか」というこの点につきます。つまり、挿入が入るときの、英語の旗印を知っているか、聞き取れるか、ということです。＜挿入＞が入るときの英語の旗印をしっかり理解しておかないと、リスニングで、思わぬ誤解をしてしまいます。自分がスピーキングする際にも、聞き手のアメリカ人を思い切り混乱させてしまう結果になってしまうのです。この旗印を意識しているか、現状を把握しておくために以下の練習問題に挑戦してみてください。

EXAMPLE　　　　　　　　　　　現状把握をしてみよう！

では、こんな場面を想像してみてください。そして、実際に音声を聞いて、聞き取りに挑戦してみてください。

●休暇明けに、職場で同僚のジョンと立ち話。ジョンに休暇がどうだったかと
　聞いてみました。

　John, how was your vacation?

　すると、ジョンは少しおどけた顔をして、こんなふうに答えました。

さて、ジョンの答えを、どう聞き取りましたか？

> ［例］そうねえ、まあ、よかったかな。4日日間で600マイルドライブして、5
> 　　　都市回りましたからね。子供たちも、ずっと車で大騒ぎで。ですから、想像
> 　　　がつくでしょ。楽しかったですよ。子供たちは、大喜びでしたよ。

このように聞き取りましたか？　「いろいろと回って、子供たちも大騒ぎで、なかなか楽しかった」といった感じですか。この理解だと、ほとんどは聞き取れているものの、ジョンの言いたいニュアンスを誤解してしまったことになります。実は、今のジョンの答えには、＜挿入＞が入っていました。それが見抜けたでしょうか。

それでは、ここで大きなヒントをひとつ差し上げましょう。＜挿入＞が入る話の形の基本ルールになります。

＜挿入＞で脱線したら、but で必ず話の本線に戻る

つまり、まず＜挿入形＞の最大のヒントは、直後の **but** です。but で、自分の言いたい話の方に戻ります。but は「しかし」と訳して、必ず「逆接」のときに使うのだと覚えている方が多いと思いますが、**but** のコアの意味は、「**ここからが大事なところ、ここから聞いて！！**」とスポットライトを当てるような感じなのです。ですから、逆接のときにも使いますが、「逆だ」というのがポイントなのではなく、「**but 以降が話し手にとって本当に聞いてほしい大切な部分だ**」ということが重要なのです。

さて、それでは、これをヒントにもう一度ジョンの発言を音声で聞いてみてください。コツはわかりますね。but に注目ですよ。ネイティブにとっては、この話のパターンはごくごく当たり前なので、音としての but はまったく強調してくれませんから、非常に小さくて軽い音ですよ。よ～く耳を澄まして聞き取ってみてください。

EXAMPLE	トランスクリプト

どうでしたか？ but は本当に小さな音ですよね。ジョンの返答を文で見ると、次の図のようになっていました。

Well, it was good, I guess. We drove 600 miles and visited five cities in four days. Kids were going crazy in the car the whole time. So, you know what it's like, don't you? But it was fun. Kids had a great time.

But が分かったら、それをベースに「本線」と「挿入」を見分けられますか？ **but の後ろにくるのがスピーカーの本当に言いたいメインポイント（本線）**の方でしたね。一番最初の文もジョンの結論で、but の後ろで言っていることと内容的に一致していますね。It was good. It was fun. で、とにかく「よかった」というのがジョンの結論です。

それでは、**最初の文と but の間（ 部分）で何を言っているか**というと、これが＜挿入＞なのです。＜挿入＞の形を意識して聞いていないと、最初の文で「よかった」と言ったあとで、そのサポートとして「いろいろなところに行ったのでよかったよ」と話が続いているようにも聞こえるかもしれま　せんが、よく見てみましょう。4日で600マイルも運転して、5都市も回って、しかも、その間、車の中で子供たちが大騒ぎ。「だから、どんなだったか分かるでしょ？」と大人同士として、共感を求めていますね。そう、つまり、「大変だった、参ったよ」というのがこの＜挿入＞部分でのポイントなんですね。

「大変だった」も、「よかったよ」も、どちらもジョンが言いたかったことですが、英語の世界ではっきりとしたいのは、どちらがジョンの結論かということです。ジョンは「**大変だったというのもあるけれど、まあ、子供たちが喜んだから、よかったよ**」と、あくまでも結論としては「よかった」と言っているのだという点（親心？）をしっかりとメッセージとしてつかむのが、メリハリのある英語の聞き取り方だということです。

ジョンの答えを立体的に理解しておきましょう。以下の図のようになります。

Well, it was good, I guess.
（そうですね、まあ、よかったですよ。）

> **We drove 600 miles and visited five cities in four days.**
> （4日間で600マイルドライブして、5都市回りましてね。）
>
> **Kids were going crazy in the car the whole time.**
> （その間中、もう、子供たちは車の中で大騒ぎですよ。）
>
> **So, you know what it's like, don't you?**
> （ですから、まあ、どんなだかご想像がつくと思いますけどね。）

But it was fun.
（でもまあ、楽しかったですよ。）

> **Kids had a great time.**
> （子供たちが大喜びでしたからね。）

こうした「本線（メインポイントとサポート）」と「挿入」の間の行ったりきたりの '移行' は、ネイティブには苦もなく分かってしまうわけですが、日本人の私たちにとってはよほど意識していない限り、非常に分かりにくいのです。＜挿入＞の形に慣れて、こうしたニュアンスまでしっかりと確信をもって聞き取れる力をつけることは、本格的な英語力を目指すのであれば必須だと私たちは考えています。

それでは、ここで＜挿入＞の形と特徴を整理しておきましょう。

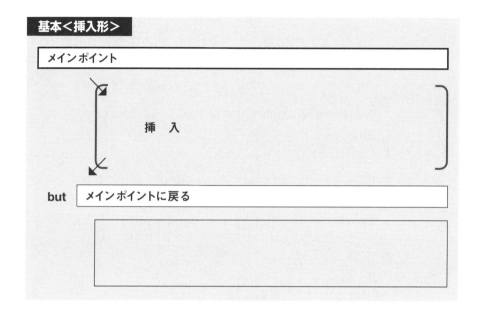

基本＜挿入形＞

メインポイント

挿　入

but　メインポイントに戻る

 ## 聞き手の、疑問・誤解・反発を先取りして解消

単に自分の主張を一方的に話すだけでは、聞き手が理解しにくかったり、誤解したり、疑問、反発などを感じたりする可能性が予見できるときに、この＜挿入形＞が活躍します。話のコンテキストを前もってクリアにしたり、いろいろな誤解を未然に防いだり、賛否両論ある話の中で自分の話が一方的に聞こえないようにするなどして、聞き手により理解しやすく、納得しやすい話の流れにします。

＜挿入形＞は、できるかぎり誤解を避け、考え方の異なる人たちを説得して動かしながらやっていくというコミュニケーションの形の、さらに一歩進んだ形だと言えるでしょう。無用な混乱や、誤解や抵抗を未然に回避しながら話す形です。

活躍場面
議論をしたり、入り組んだ話をするときなどに、コミュニケーションの効果をあげるた

めに使います。聞き手の頭に浮かぶ可能性のある疑問、誤解、反発を客観的、合理的に、上手に解消しながら話すことで、聞き手の理解と納得感を促進します。「**こちらの意見を、なるべく正確に、オープンに聞いて、理解し、納得してもらう**」ことが重要であるときに最も適切に使われます。

形の特徴

何よりも、ここで慣れていただきたいのは、「＜挿入＞がきて、**but** で話し手が本当に伝えたいメインポイントの話の方に戻る」という点です。本来の話の流れは、「メインポイントで話し手の話したい主題を述べて、その主題をサポートして、最後に so で締めて終わる」というのが流れでしたね。その流れの中で、必要に応じて＜挿入＞を入れたら、必ず but でもとの流れに戻ります。

特に＜挿入＞の入る場所としては、最初のメインポイントの直後に、ちょっとした前置きのような感覚で入ってくるのが大変一般的です。あとは、本来の流れに戻って、メインポイントのサポートによる説得が続くわけです。

ポイント 1　＜挿入＞に移るときの旗印にも注目

先ほどの EXAMPLE の例では、挿入に入ることを示す明確なヒントとなる表現（旗印）がありませんでしたね。だからこそ、形そのものに慣れておくことがとても重要になります。ただ、場合によっては、「ここから外れますよ（挿入に入りますよ）」というヒントになる表現が使われることもあります。こうした表現に慣れておくことも、非常に力になります。次章では、挿入の典型的な例に触れて練習しますが、そのときには、こうした旗印表現も学んでいきましょう。

ポイント 2　一番最初のメインポイントが省略される場面も

議論などでは、意見の対立する者同士が、この形を使って、客観的に意見を戦わせます。その際、<u>**お互いの立場がすでに明確になっていれば**</u>、毎回、メインポイントで自分の立場を繰り返す必要がなくなり、最初のメインポイントは省略され、＜挿入＞の部分から始めることが多くなります。

スピーキングでの重要性

本書ではスピーキングまでは踏み込んで学習しませんが、<挿入形>の形と旗印をしっかりと認識しておくことは、スピーキングにおいても非常に重要です。「本線（メインポイントとサポート）」と「挿入（意味のある脱線）」の区別とメリハリをきちんとつける英語の話し方を知らないために、「結局、何を言いたいのか」が分からない話し方になり、ネイティブの人を非常に混乱させてしまいます。下手をすると論旨をまったく逆に取られたりすることさえあります。

「but」と「however」の違い

「but」も「however」も「しかし」という意味で教えられていますが、実は大きな違いがあります。「but」は、この章で説明したように、「but」の前にある文や文章よりも、後ろにくる文の方にスポットライトを当てて、「ここがポイント！」と示す旗印でしたね。一方で、「however」の場合、その後ろに続く文は、前の文に付け加える感じで、**ほぼ等価**な印象になります。

この違いが、コミュニケーション上、相手にとって印象を大きく変えることがあります。詳しくは、「第6章 信頼関係をつくる<フィードバック形>」(p. 107 ～)で扱います。

④ 高度なコミュニケーションのための<挿入形>

② 実例サンプルで体感

この<挿入形>の理解を深め、感覚レベルに落とし込むために、実際の英文の中で<挿入形>を体験しましょう。実際のスピーチや会話から、<挿入形>の例を抜粋しました。このサンプル英文を利用して、<挿入>部分と、そこから話の本筋の方に移行するのを意識して、<挿入形>をメリハリをもって聞き取る感覚を味わってください。

具体的な学習方法としては、解説を読んで音声を聞き込むことも可能ですが、例えば、次のようなステップに沿って学習することでより効果をあげることができます。

> ☛ K/Hシステムの基本学習法を使った英語力強化のための学習ステップと、本書の全 EXAMPLE および実例サンプルの語句解説が私たちのウェブサイトで見られますので、ご活用ください。
> ⇒ http://www.kh-system.com/

STEP 0 まずは英文の音声を聞いて自分の感覚の現状把握をする

現状把握をしておきたい人は、是非、やってみてください。話の組み立てをしっかりと把握したあとの感覚との違いを味わうのも、学習に効果があります。

STEP 1 立体トランスクリプトと解説で話の組み立てを確認

<挿入形>の形に沿った話の組み立てが視覚的に分かるように、トランスクリプトはすべて立体にしてあります。意味や解説で英語自体の理解も深めておきます。

STEP 2 立体トランスクリプトを目で追いながら聞き取りのシミュレーション

音は聞かずに、立体トランスクリプトの英語を目で追いながら、英語が聞こえてきているつもりで、論旨をしっかりと追った聞き取りのシミュレーションをします。

STEP 3 音声で音として英語を聞きながら、話の組み立てを味わいながら聞く

音声を聞きながら、<挿入形>の形をしっかりと味わいながら、論旨をしっかりと追う聞き方の感覚をつかんでいきます。

STEP 4 シャドーイングで感覚をさらに根づかせる

英文と<挿入形>をしっかりと味わいながらシャドーイング * をやり込んで、感覚を根づかせます。 *シャドーイングのやり方については p. 40 参照

実例 SAMPLE 1

I like employees who are self-starters.

I'm quite capable of micro-managing people
And there're times here where I have to do that in
order to get jobs done.

But, it's important for me and I think it's good for the
employee to learn how to be a self star-starter.

解説 従業員 10 人程度の会社の社長が、従業員に求める資質について話しています。

[出典：Bruce Moyer － K/H Interview]

. . . .

理解見本 自発的に仕事をする社員が好きですね。人を細かく管理するのは、やろうと思えば私は別に問題なくできますし、実際、仕事をこなすには、ここでも、まさにそれをやらなきゃならないときもあります。でも、この点は私には重要なことだし、従業員にとっても自発的に仕事をする力をつけるのはよいことだと思いますね。

. . . .

語句

a self-starter
「自分で始める人」⇒必要性に迫られたり、人に言われたりするのを待つのではなく、自発的に物事に取り組む人

capable
何かを実際に行う力、能力がある。したがって、やろうと思えば、いつでもそれができる能力がある。

to micro-manage people
「ミクロ（細かい）レベルで人を管理する」⇒細かく指示、確認しながら人を管理する。

There are times where....
「…のときがある」。times（とき、時期）の具体的な状態、様子を説明するのに関係詞の where でつないでいます。**「仕組み、詳しい様子」を説明する節をつなぐとき、先行詞に関係なく、よく where が使われます。**

to get jobs done
「仕事が終わった状態にする」⇒仕事を片付ける、終わらせる、仕事を（停滞させずに）進める。

実例 SAMPLE 2　🔊 39

> And the other thing is, insofar as you can, being sincere and
> trying to find a way to help the other side so that you're both
> happy is a good thing to do.

> I mean, in some negotiations, it's ... you know,
> you can't win unless the other side loses,

but　in many negotiations, the real trick is to find something
that benefits both sides. And I think you should be sincere
in trying to do that and understand what their issue is.

解説　英国大手ＩＴ企業会長のインタビューより。大きな negotiation（交渉）を多く成功させてきたスピーカーが、交渉を成功させるための大切なコツを話している部分で、ふたつ目のコツについて話しています。

［出典：Richard Christou － K/H Interview］

理解見本　もうひとつのことは、できる限りにおいて、誠意を持って、双方が満足できるように、相手側を助ける手をさがすというのが、よいことだと思います。とは言え、交渉ごとによっては、まあ、相手側が負けてくれないとこちらが勝てないというものもあります。でも、多くの交渉においては、本当のコツは、双方のプラスになることを探すことなんです。そして、そうすべく、相手の問題としている点を理解しようと、誠意をもって努力すべきだと思います。

語句

insofar as ...
「…の限りでは」という意味。

sincere
「誠意のある」という意味で、「**言葉だけでなく、本心から思う**」という感覚でも使われます。

The (real) trick is to ...
よく使われる表現で、「…**するコツは**」という感覚です。

I think most Japanese people are able to disassociate the criticism to themselves, and are able to say, "Oh, this is directed towards this project" or "This is directed towards this engineering design," or ...

Because the big picture is to make it better.
That's the focus. That's the goal.

And yes, I'm sure that many Japanese people are disappointed when that criticism is directed to them as well.

But they have perhaps a better ability to work towards correcting the problem, versus taking it personally and becoming defensive.

解説 米国の日系企業の広報担当ジェネラル・マネジャーのインタビューからの抜粋。日本的な「反省」の考え方に関連して、日米の違いを語っている部分。

[出典：Bruce Brownlee － K/H Interview]

. . . .

理解見本 日本人の多くの方が批判と自分とを切り離して受け止めることができるようですね。それで、「ああ、これはこのプロジェクトについての話だ」とか「これは、この設計についての話だ」と思えるようですね。というのも、全体像は「よりよくすること」にあるわけで、そこにフォーカスが当たっていて、それが目標だからなんですね。そりゃ、もちろん、多くの日本人の方だって、自分に批判が向けられればがっかりもするでしょう。でも、日本人の方の方が、どうも、感情的に受け止めて反発したりするよりも、問題を解決する方向で努力できるようですね。

. . . .

語句

and are able to say, "..."
直訳的には実際に " .... " のセリフを言うことになりますが、一種の慣用表現で、必ずしも実際に発言をするということではなく、「**そのように感じる、考える**」というのをセリフの形で表す表現です。

the big picture
「大きな絵」から、ものを見たり、考えたりするときの「**より大きな視野、大局観、全体像**」を言います。

to work toward ...
この work は「仕事をする」ことよりも、より広く「努力する」の意味で、「**…に向けて努力する**」の意味です。

to take something personally
この表現は、何かを「**個人攻撃として受け止める（感情的に受け止める、傷つくなど）**」という意味の決まった表現です。

to be defensive
批判や指摘に対して、「**身を守る姿勢**」「**ムキになって反発したり弁明したりする姿勢**」を指します。

それでは、次の章では、＜挿入形＞の典型的な例をもう少し詳しく見て、さらにこの感覚を強化していきましょう。

説得のコミュニケーションから外れる脱線は、ご法度

英語のコミュニケーションでは、何かを言ったら、それを理解し、納得してもらうために話を進めていきます。その目的から外れるタイプの「脱線」は、基本的に、ご法度です。明らかにまったく関係のない話への脱線はもちろんのこと、いくら自分にとって「何となく関連があるような気がして、ついでに言っておきたい」ような話でも、メインポイントの内容とその説得に直接関係がなければ、グッと我慢するのが英語の特徴です。

「今、何を説得しようとしているのか」がまず何よりも意識されていて、**「それを理解させる、納得させる」**ことを常に目的として、話を進める！　それ以外に気を散らすような話は基本的にしない！　あえて外れるのは、メインポイントについての理解と納得を助けるのに必要な情報のときだけ！　しかも、外れたあとは、ちゃんと「こっちがポイント！」と元の線に明確に戻る！　これが英語コミュニケーションの基本ルールです。

英語圏の人が皆、この厳しいルールを守って話しているとは言いませんが、日本語の私たちの感覚より、はるかにこのルールの規律が守られています。

❶ <挿入>にもいろいろな種類がある

この章では、<挿入>の典型的なものをいくつか見て、<挿入形>にさらに慣れていきましょう。<挿入>でも特に頻出するタイプの<挿入>を中心に見ながら、<挿入>を見抜くのに役立つ旗印表現なども紹介します。

第2章、第3章では、英語の話の<基本形>を学び、自分の言いたいメインポイントに納得してもらうための<サポート>にもいくつかの典型的な種類があることを学びました。聞き手を説得するために、いろいろなタイプのサポートを戦略的に使って話すのでしたね。<挿入形>も同様にいくつか典型的な種類を挙げることができますが、ここでも分類にこだわって理解する必要はありません。**聞き手の疑問、誤解、反発などを予見して、解消しながら効果的に話を進める英語らしいコミュニケーションの感覚に慣れていた**だければ、それで結構です。

聞き手の疑問、誤解、反発などを解消するアプローチにはいろいろなものが考えられます。

「そうか、それもちゃんと分かった上で言ってるわけね……」

「そうかなあ……」「そうは思わないなぁ……」「逆も言えるぞ！」などの、聞き手の頭に浮かぶ可能性のあるさまざまな**疑問、反論、反発を先取りして、それに理解、賛同、譲歩を示す**。これにより、ほかの意見への考慮を示したり、自分の論点を絞り込んだりして、**議論を立体的にする**

「ああ、誤解するところだった、そうかそうか、そういう意味ね……」

聞き手に誤解を招きそうな言葉の定義、発言の趣旨などを明確にしておくことで、誤解を未然に防いだり、誤解を解いたりするなどして、**聞き手の理解を正しい方向へと調整して、無用の誤解を避ける**

「なるほど、じゃあ、そういう話として聞けばいいんだね……」

これから話すことの内容や範囲、スピーカーの経歴や経験、スピーカーの切り口などについて聞き手に疑問や迷いなく聞いてもらえるよう、**「誰が、どういう経歴・経験をベースに、どういう視点・目的で、どういう範囲に絞って話をするのか」**などの話の前提や枠を明確にし、**話の枠組みを設定する**

「なるほど、じゃあ、その背景を頭に置いて聞けばいいんだな……」

話のポイントを理解してもらう上で**背景情報**や**背景説明**が必要な場合、メインポイントからいったんはずれて情報を提供してからメインポイントに戻ることで、メインポイントのフォーカスを失うことなく、聞き手の**理解を深める**

こんなふうに、いろいろな形で、聞き手の頭に浮かびそうな疑問、誤解や反発を解消するわけですが、あえて典型的なものを挙げるとすると、以下の4つの種類を挙げることができます。だいたい、この4つの種類に慣れておけば、聞き取りで＜挿入＞を見抜きやすくなります。最終的には、スピーキングにおいても、聞き手とコンテキストに合わせて適切な＜挿入＞を戦略的に入れて話せるようになれば、本格的なコミュニケーションのスタートが切れます。

＜挿入＞の典型的な種類
反論の先取り
誤解を避けるための確認
話の前提の合意
話の理解を助ける背景情報

❷ 反論を先取りする＜挿入＞を味わおう

ここでは、4つのタイプの＜挿入＞の中でも、最も頻出し、最も分かりやすいタイプの例を見てみましょう。「反論を先取りする＜挿入＞」です。まずこれを少し詳しく見ることで、＜挿入形＞にさらに慣れていきましょう。

こんなシーン（場面）を想像してください。

SCENE A ••

●部署違いのジョアンと久しぶりにカフェテリアで会いました。日ごろから、深夜帰宅が多く、なかなか休みが取れないと愚痴を言っているジョアンの生活は、相変わらずのようです。自分たちの今やっている仕事についていろいろと話したあと、聞いてみました。「じゃ、今やっている仕事は気に入ってるの？」

I think I do like my job.
（気に入ってるんだと思うよ。）

確かに、仕事としては面白いことをやっているようだし、気に入っているなら、それに越したことはないのですが……、「でもなぁ、あれだけいつも大変だって言っていたのに……」と疑問が頭をよぎります。ジョアンも、当然、聞き手の頭に浮かぶであろうそうした疑問は、自分でもよく分かった上で言っているようです。

SCENE A - 見本例　🎧 42

I think I do like my job.

 だって、すごく大変なんじゃないの？

It's true that hours are crazy, and I have very little time to myself. And that can be extremely hard.

（確かに仕事時間は無茶苦茶だし、自分の時間なんかほとんどないしね。かなりつらいときもあるのよ。）

But, you know what, Kazuya? I think I do like my work.

（でもね、和也さん、意外なんだけどね、やっぱり、この仕事、好きみたい。）

It's very challenging and personally satisfying.
I feel like I am gaining valuable experience.

（とても力が試されるし、やりがいが感じられるのよ。とても貴重な経験を得ている気がするわ。）

なるほど、「仕事が好きだ」といっても、いいことばかりだというのではなく、逆に辛い側面もある。その上で、それを差し引いても、やはり「仕事が好きだ」と言っているのですね。逆の側面があるにも関わらず「好きだ」と言っている分、仕事が好きな理由にもさらに説得力、重みが加わりますね。

●気心の知れた同僚のマイクと、カフェテリアで話し込んでいます。企業派遣留学制度に応募すべきか悩んでいることを話すと、彼はこんなふうに言ってきました。

Yoshiro, I think you should go for it.
（芳郎さん、挑戦してみるべきだと思いますよ。）

「そうなんだよなぁ。でもなぁ……」と、いろいろな不安が頭をかすめそうですね。2年間も現場の仕事から離れることのマイナスも頭をかすめます。そんな事情も心得ているマイクはこんなふうに話を続けます。

SCENE B - 見本例1

> Yoshiro, I think you should go for it.

 うん、でも、いいことばかりじゃないし……

I know you're worried about your English.
（英語力のことを心配しているのは分かっています。）

And I realize some people say it is not always good for your career to be away from the headquarters too long.
（それに、人によっては、本社から長く離れるのは必ずしもキャリアにとってプラスじゃないって言う人もいるのもよく分かっています。）

But, **I think it's going to be great for you, Yoshiro.**
（でもね、芳郎さん、あなたにとって大きなプラスになるだろうと思うんですよ。）

I think your English is good enough. You have no problem communicating with us.
（あなたの英語力は十分だと思いますよ。私たちとのやり取りに特に問題はないじゃないですか。）

As far as your career goes, think of all the experience you'll be gaining. You'll make valuable business connections. And I think it'll open up many opportunities for you.
（キャリアに関して言えば、留学で得ることになるいろいろな経験を考えてみてください。それに、ビジネスの貴重な人脈もつくれますよ。そこから、たくさんの可能性が生まれると思いますよ。）

留学に関わるマイナス要素——不安やリスクなど——をくみ取ってもらえたことで、そうした側面にも理解のある人からの話として、芳郎はマイクの話をより落ち着いて、オ

ープンな気持ちで聞くことができますね。しかも、サポートの部分で、そうした不安やリスク面に関する彼なりの見方を示した上で留学することのプラスを売ってくれていることで、非常に効果的な説得になっていますね。

このふたつの例では、スピーカーは、**最初のメインポイントのステートメントのあとで、聞き手の頭に浮かぶ「反論 ― 逆側の意見、側面」に対してまず理解を示して、その上で自分の意見を詳しく述べています。**だいたい、この流れの感覚をつかめたでしょうか。

さて、ここでもうひとつ詳しく見ておきましょう。**話の本線からはずれて<挿入>に移るときの旗印になっている表現**です。もう一度、SCENE A と B の見本英文を見てみてください。**挿入の部分で色字になっている表現**がありますね。これが<挿入>の旗印表現になっています。こうした表現がくることで、ネイティブの人は、「あ、**本線からはずれて、反論を先取りした<挿入>に入ったな**」とピンとくるわけです。このほかにも、典型的な旗印表現がたくさんあります。(次ページ参照)

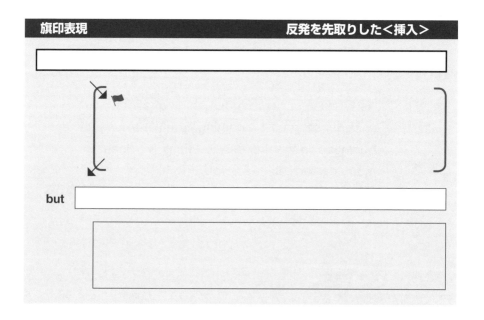

🏴 **確かに、…っていうのは本当なんだけど**
Certainly, ...
It's true that ...
Yes, ...

🏴 **確かに、…って言う人もいるけど**
Some people say [argue] that ...
Some may say [argue] that ...

🏴 **確かに、…って言うかもしれないけど**
You may say [think, argue] that ...

🏴 **確かに、僕も…っていうのは分かるんだけど**
I realize [know] that ...
I understand that ...

こうした旗印に慣れていると、反論を先取りした＜挿入＞の話の流れが、はるかに楽に聞き取れるようになります。ぜひ、こうした旗印表現を特に意識して、何度も SCENE A と B を聞き込んでみてください。全体の話のリズムをつかむ感覚で、反論を先取りした＜挿入形＞の流れに慣れてください。大変よく出てくる話の形ですから、やりがいがありますよ。

「確かに …」で＜挿入＞に脱線して、**but** で本線に戻って説得！

実はこの形、あまりにもよく出てくる決まった話の流れなので、**旗印表現をまったく入れてくれないことも多いのです。**第4章で聞き取りに挑戦した EXAMPLE がまさにそのよい例でしたね (p. 75 参照)。こういった場合、まったく何のヒントもなく、突然、メインポイントと逆の話 (＜挿入＞部分) を始められてしまうわけです。そうすると、気を抜いて聞いていると内容的に逆接である＜挿入＞をメインポイントのサポート (説得部分)

として聞いてしまうことになってしまい、まったく的外れの理解になってしまいます。旗印がない場合には、①話の内容、②but、このふたつのヒントを頼りに見抜くしかないわけです。

旗印表現を入れてくれない、こうした高度なものを見抜けるようになってくるには、ひとえにこの＜挿入形＞の話の形自体に徹底的に慣れることです。そのためにも、まず、旗印のあるものに関しては確実に聞き取れる力を身につけることを目標にして慣れましょう。本書の「PART2　実践練習用付録」(p. 153 ～)には、この反論を先取りした＜挿入形＞の例がたくさん入っています。ぜひ、聞き込んでみてください。

> ▶ **アプローチ 1 ＜反論を先取りした挿入＞**
>
> 　**逆の視点にも理解や譲歩を示す**
>
> 　　「確かに、…っていうのは本当なんだけど」
>
> 　　「確かに、…って言う人もいるけど」
>
> 　　「確かに、…って言うかもしれないけど」
>
> 　　「確かに、僕も…っていうのは分かるんだけど」

Coffee Break

＜反論を先取りした挿入＞の重要性

＜挿入＞の中でも、この＜反論を先取りした挿入＞は特に重要です。先にも書きましたが、挿入部分がメインポイントの内容と「逆の内容（逆接の関係）」になっているために、挿入部分をきちんと＜挿入＞として見抜けないと、話の理解がメチャクチャになってしまいます。しかも、非常によく出てきます。常に話を聞くときは、この形で話が進む可能性を頭に置いて、旗印がない場合でも＜反論を先取りした挿入（逆接の挿入）＞をしっかりと見抜けるように慣れておきましょう。

❸ その他のタイプの＜挿入＞を味わおう

さて、前のセクションでは＜挿入＞の中でも、最も頻出し、最も重要なタイプの「反論を先取りする＜挿入＞」と、そこで使われる典型的な旗印表現を見てきました。このセクションでは、その他の典型的な＜挿入＞の例を見てみましょう。

1 誤解を避けるための確認

まず紹介するのは、「誤解を避けるための確認」を目的とした＜挿入＞の例です。これも＜反論を先取りした挿入（逆接の挿入）＞とともに、よく出てくる＜挿入＞のタイプです。

例えば、先ほどと同じ以下のシーンを考えてみましょう。

SCENE B

●カフェテリアで、同僚のマイクに、企業派遣留学制度に応募すべきか相談していると、今度は同席していたクリスティーンもこんなふうに言ってきました。

You know, you might not want to rush into it.
（あの、あまり慌てて飛び込まないほうがいいかもしれませんよ。）

こう言われてしまうと、行きたい気持ちになって考えていた者としては、「えぇ〜、後ろ向きな！ せっかく人が行く気になっているのに反対しなくっても！」なんて思ってしまいますよね。でも、本当に「反対」しているのでしょうか？

クリスティーンは、そこのところも心得ていて、次のような＜挿入＞を入れてきました。

You know, you might not want to rush into it.

え？ 行かない方がいいってこと？

I'm not saying that you shouldn't go.
In fact, I really want you to do this.
（行くべきじゃないって言っているんじゃないですよ。実際、ぜひ、やってほしいと思ってるんですよ。）

But, I'm saying that you want to make sure you're really prepared before you go there.
（ただ、私が言いたいのは、しっかりと準備ができてから行くようにした方がいいんじゃないかっていうことなんです。）

While I was studying for my MBA, I saw many Japanese students having a difficult time. You already have a pretty good command of English, and if you spend a year brushing up your English communication skills before you go, I think you'll be able to get much more out of your experience there. I think it would make a big difference.
（MBA を取るために学校に行っていたとき、苦労している日本人の学生を何人も見たんですよ。あなたは、すでにかなり英語ができるわけだから、1 年間でも英語のコミュニケーション力を磨いてから行けば、向こうでの経験で、得られるものがはるかに多くなると思うんですよ。すごく違うと思うんです。）

なるほど、反対なのではなくて、「行く時期を丁寧に考えよ」「しっかりと準備してから行った方が、得るものが多いよ」ということを言ってくれているのですね。**思わず誤解してしまうところ**を、＜挿入＞部分で、しっかりと「誤解のないように確認（clarify）してくれた」わけですね。

> ▶ **アプローチ2 ＜誤解を避けるための確認の挿入＞**
>   **前もって誤解のないように確認や説明を入れる**
>   「ただし、…と言っているのではありませんよ」
>   「ただし、…という意味ではないですよ」

さて、このタイプの＜挿入＞でも、典型的な旗印表現が使われることが多いので、少し紹介しておきましょう。このタイプでは、①話の本線からはずれて＜挿入＞に移り、「誤解しないでね、こういうことを言っているんじゃないですよ」と言うときの旗印表現と、②本線に戻って「そうではなくて、こういうことを言っているんですよ」と言うときの旗印が、セットになっている場合が多いです。誤解を避けるための確認（clarification）なわけなので、「①こうではなくて、②こうですよ」というふたつでセットになっているというのは、納得できることですね。ほかにもいろいろな表現が使われますが、次のような表現はよく出てくるので、知っておくと便利です。

旗印表現	誤解を避けるための確認の＜挿入＞

🏴

🏴 but

🏴 ただし、…って言っているんじゃないですよ、
🏴 そうではなくて、…と言っているんです
    🏴 I'm not saying that ...
    🏴 But, I am saying that ...

🏴 ただし、…ということではないですよ、
🏴 そうではなくて、…ということです
    🏴 It's not that ...
    🏴 But, it's that ...

    🏴 It doesn't mean that ...
    🏴 But, it does mean that ...

2 話の前提を合意

「どんなことを頭において、これからの話を聞けばいいのかな？」「どういうつもりで、この話を聞けばいいのかな？」 そんな情報があると、話の正しいコンテキストが分かって、話に興味をもったり、話を積極的に聞くことができるものです。

例えば、こんなシーンを想像してください。

SCENE C

● 米国の日系企業から1年間の駐在で日本に来ているアメリカ人が、日米商工会でスピーカーとして話すようです。「日米ハイブリッド文化の職場で必要な力とは」という演題で話してくれるようです。

Today, I would like to talk about some of the skills and knowledge that, I believe, might help you succeed in a hybrid workplace.

（本日は、ハイブリッド文化の職場で成功するために役立つのではないかと思うスキルと知識についてお話したいと思います。）

これから海外の支店などでの駐在の可能性がある人や、米国の職場文化に関心のある人にとっては、なかなか興味をそそられる内容ですね。ただ、この人は、どの程度の経験や専門性をもって話してくれるのでしょう？ この人の話は、専門家としての話なのでしょうか？ どの程度の信憑性のある話なのでしょうか？ そんな疑問はやはり頭をよぎりますね。スピーカー自身にも、専門家でもないのにこんな話をして、聴衆に「何だか偉そうだ」などという印象をもたれたくないという気持ちがあります。そこで、スピーカーは往々にして、これからの話を聴いてもらう上で、「**こういう人間の、こういう話として、誤解なく聞いてくださいね**」といった前置きを＜挿入＞で入れてくるわけです。これから聞いてもらう話についての「ただし書き」のような感覚ですね。

そこで、以下のような<挿入>の入った話の流れになります。

SCENE C - 見本例 45

Today, I would like to talk about some of the skills and knowledge that, I believe, might help you succeed in a hybrid workplace.

 OK、でも、どういう話として聞けばいいの？

This is obviously my personal view.
I have worked in an LA office of a Japanese manufacturing company for the past three years.
My view is based on my limited experience working there.

（言うまでもなく、これは私の個人的な意見です。私はこの３年、日系メーカーのロサンゼルス事務所で働いていました。私の意見は、そこで働いていたときの限られた経験をもとにしたものです。）

But, I wanted to share with you some of the things I learned through that experience,

（でも、その経験から私自身が学んだことを今日は皆さんにお話しようと思いました。）

Because I feel that this kind of information would have helped me, if I had had it when I started working.

（というのも、私自身、働きはじめたときにこういうことを知っていたら助かっただろうなと思うからです。）

スピーカーが自分の話を始めるにあたって、「ただし、この話は、あくまでも限られた経験をもとにした個人的な意見として聞いてくださいね」と「ただし書き」をしてくれている感じですね。これで、スピーカーの謙虚なスタンスが伝わるだけでなく、聞き手も話を聞くに当たっての「心づもり」ができる効果がありますね。

▶ **アプローチ 3 ＜話の前提に合意する挿入＞**

どういう話として聞けばよいのかを前置きする

「ただし、こういう**人間**の話として聞いてくださいよ」

「ただし、こういう**範囲**で参考にしてくださいよ」

「ただし、こういう**目的**で話しますからね」

このタイプでは、特に典型的な旗印表現はなく、通常、And や Now などで入るか、何も旗印表現なしで＜挿入＞に入ります。ただ、「何かのトピックで自分の意見を述べる」といった宣言の直後に出てくる場合がほとんどです。その点を常に頭に置いて、あとは話の内容からこのタイプの＜挿入＞を見抜けるようにします。

3　話の理解を助ける背景情報

話を理解してもらうために、ちょっと話から脱線して説明しておきたい。次の例はこのような場合のアプローチです。

例えば、こんなシーンを想像してください。

SCENE D

●いろいろな会社の企業文化について、リックと話が盛り上がっています。現在、日系のメーカーで働いているリックは、日系の金融系の会社で働いていたときの経験を思い出しました。

I used to work in this financial company before I came here, and they had a very different approach to decision-making.

（ここに来る前に、ある金融系の会社で働いていたんですけどね、そこでは意思決定については、随分違うやり方をしてましたよ。）

うん、これは面白い。同じ日系企業でも、「業界によってもいろいろ違う」という例で、面白い話をしてくれそうですね。でも、ここで、その金融会社についてもう少しだけ詳しい情報があった方が話がよく分かる気がしますね。

そこで、次のような＜挿入＞の入った話の流れになります。

SCENE D - 見本例 46

I used to work in this financial company before I came here, and they had a very different approach to decision-making.

 ちなみに、それってどんな会社？

You may have heard of them. ABC Financial. It's one of the top financial companies in Japan.

（お聞きになったことがあるかも知れませんが、ABC ファイナンシャルっていう会社で、日本でトップクラスの金融会社のひとつなんですけどね。）

But, the way they approached decision-making was quite different from what we're used to here.

（とにかく、そこでの意思決定のやり方は、私たちがここで慣れているやり方とはまったく違っていましたよ。）

We were basically allowed to make most of our decisions on our own. We were not expected to develop consensus. We were simply responsible for reporting and were absolutely accountable for results.

（だいたい、ほとんどの決定については自分で決めていいことになってましたね。コンセンサスをつくるとかっていうのは求められていなくて、単に報告する責任があるのと、結果については完全に責任をもたされるんですね。）

話のトピック自体は、あくまでも「意思決定のスタイルの違い」ということですから、その「詳しい話」にそのまま進んでくれて構わないわけです。しかし「意思決定のスタイル」の話そのものではないけれど、「どういう会社なのか」という背景情報がちょっと入った方が、イメージがかきたてられ、理解に奥行きが出て、話がより立体的で面白くなりますね。

> ▶ **アプローチ4 <話の理解を助ける背景情報の挿入>**
> **話の理解にプラスになる背景情報や詳細情報を補足する**
> 　　「ちなみに、これは…なんですが」
> 　　「ちなみに、補足しておくと…なんですが」

このタイプでも、特に典型的な旗印表現はなく、通常、And や Now などで入るか、何も旗印表現なしで<挿入>に入ります。「専門的な概念や用語／固有名詞／略語／独特の言い回し／個人的な話」などが出てきたら、その直後にこのタイプの<挿入>がくる可能性が高いです。その点を常に頭に置いて、あとは話の内容からこのタイプの<挿入>を見抜けるようにします。

さて、この章では、聞き手の理解を助けるために、ちょっと話の本線から脱線して入れる＜挿入＞を見てきました。典型的なものとして4つのアプローチのタイプを見ていただきましたが、もちろん、このほかにもいろいろな＜挿入＞があり得ます。それでも、この4つの典型的なアプローチに慣れておくと英語の話が聞きやすくなります。

明確な「タイプ分け」にこだわる必要はありません。無理にタイプ分けするのがここでのポイントではありません。こんなふうに、「**ちょっと脱線して話の理解にプラスになる情報を挿入して、また話の本線に戻る**」という英語の話のリズムに慣れていただくのがポイントです。

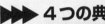

▶▶▶ 4つの典型的な＜挿入＞

アプローチ 1	**＜反論を先取りした挿入＞**

逆の視点にも理解や譲歩を示す

アプローチ 2	**＜誤解を避けるための確認の挿入＞**

前もって誤解のないように確認や説明を入れる

アプローチ 3	**＜話の前提に合意する挿入＞**

どういう話として聞けばよいのかを前置きする

アプローチ 4	**＜話の理解を助ける背景情報の挿入＞**

話の理解にプラスになる背景情報や詳細情報を補足する

1 ＜フィードバック形＞の基本パターン

48 ［第6章のはじめに］

1 ＜フィードバック形＞の役割

これまでの章では、まず英語コミュニケーションの基本感覚としての＜基本形＞と、さらに議論を立体的にする＜挿入形＞を学んできました。復習すると、次のようなポイントでしたね。

英語は、「結論を言って、説明を加える」が基本形

英語は、＜挿入＞で、聞き手の理解や納得をさらに助ける

話し手の方に「分かってもらう責任」がある英語文化では、＜基本形＞で、いろいろなサポートを駆使して自分の立場を説明し、＜挿入＞を使って、聞き手の疑問、誤解や反発などを効果的に回避しながら、戦略的に聞き手を説得していくコミュニケーションをしていくわけです。その感覚が、少しつかんでいただけたかと思います。

さて、ここからは、少し趣きが変わります。今まで学んできた話し方が、客観的に、とにかく正確に自分の言いたいことを分かってもらえることを旨とした話し方であったのに対して、**これから学ぶ話し方は、「相手に受け入れてもらう」ということが何よりも大きな目的となる話し方です。**次の例を見てください。今まで学んだ基本形を踏襲した形をとっていて、非常に客観的に、クリアに自分の言いたいことを伝えています。

「君の英語のコミュニケーション力のことで話したいんだけどね。先週も電話会議では内容を追えていないようだったね。これから海外との仕事をどんどんやっていくには、電話会議にしっかりと参加できる力は必須だ。だから、どうすれば一番い

い対策が考えられるか話せればと思ってね」

さて、実に客観的に、クリアに言ってくれたわけですが、このように言われた側の人間が、これまでも英語をそれなりに頑張ってきたし、仕事でも結果を出してきて、英語力のない分もほかの面でカバーできるようにいろいろと努力してきた人だったら、どうでしょう。何だか、一側面だけにフォーカスして、一方的に言われた感じで、どうしても抵抗感をもってしまうかもしれませんね。

基本的に「結論をズバリ言う」はずの英語文化でも、さすがに、相手にとって耳の痛いようなことを言うような場合には、先ほどのような「ズバリ、客観的」な話の組み立てでは話しません。この点は非常に重要で、**相手の立場や感情に配慮が必要な場面で反対意見を言ったり、フィードバック（マイナスの指摘やアドバイスなど）をしたりする際には、アメリカではコミュニケーションの仕方に非常に気をつかっています。**職場でのコミュニケーションならなおさらのことで、効果的なフィードバックの仕方について特別に訓練を受けたりもするくらいです。反面、こうしたフィードバックの話の組み立て方は、構造が複雑になる分、慣れていない私たちにとっては、相手の意図がはっきりわかりづらく、ニュアンスがとりにくかったりします。

フィードバックの話の組み立て方のポイントになるのは、以下の点です。

英語は、必ず「全体像」が伝わるフェアーなフィードバックの仕方をする

つまり、先ほどのように、「何だか、マイナスな一側面だけにフォーカスして、一方的に言われた感じ」を相手に与えてしまう話し方にならないようにする、ということです。相手にとってのマイナス側だけでなく、プラス側も見ていることが伝わる話し方がされるということです。**アメリカの文化においては、プラスとマイナスの両面をきちんと見た上で、その両方を相手に伝えてはじめて、フェアーな人、フェアーなフィードバックだと受けとめてもらえるのです。**

それでは、具体的にどのような形で話が組み立てられるのか見ていきましょう。

2 ＜フィードバック＞の基本パターン

問題点の指摘、アドバイス、反論などは、聞き手にとって耳の痛い話ではありますが、日常生活、特に職場などでは、どうしても避けて通れないコミュニケーションの側面ですよね。相手のことを、フェアーに、丁寧に見た上での発言だということが伝わる話し方が、英語の＜フィードバック＞のポイントだということを頭に置いて、先ほどの「英語力の強化が必要な部下」へのフィードバックを例にとって見てみましょう。

EXAMPLE 1 　　　　　　　　　具体例で理解を深めよう！

まずは、先ほど日本語で紹介したフィードバックの例を、そのまま英語で聞いてみましょう。

●外資系企業に就職して約10ヶ月。英語に自信もあって入社したものの、やはり仕事のレベルでの英語のコミュニケーションには日々苦しめられる毎日。英語でのハンディをカバーするためにも、精一杯の努力と工夫をして仕事の成果をあげてきました。忙しい中、時間を見つけて英語の勉強もしているし、会社の奨励制度も利用して英会話学校にも通っています。でも、先週など、やはり電話会議ではなかなか話を追えなくて、結局、まともに発言もできずに終わってしまいました。気に病んでいたところ、やはり週明け、朝一に上司のクリスに呼ばれました。

> **Shinichi, I wanted to talk to you about your English communication skills.**

 49

EXAMPLE 1　見本例 1

どうですか？　かなりズキッとくるコメントですね。「そりゃそうだけど……、でも……！」
と心の中で叫びたくなるかもしれませんね。今の上司の発言は以下のような構造ですね。
とても客観的に、英語の＜基本形＞に沿って、クリアに言ってくれたわけです。

Shinichi, I wanted to talk to you about your English
communication skills.
（信一さん、あなたの英語コミュニケーション力のことで少し話したいんだけど。）

I noticed that you were not quite following the
telephone conference we had last week.
（というのも、先週の電話会議を追えてないみたいだったよね。）
And as you know, it is absolutely essential to be
able to follow and participate in a telephone
conference if we're to be effective in doing
business with overseas clients.
（あなたも分かっている通り、海外のクライアントとの仕事で成果をあげ
るには、電話会議にしっかりと参加できる力は必須だよね。）

So,　Shinichi, I wanted to talk with you about how we can
work to best address this issue.
（なので、どうすれば一番いい対策が考えられるか話せればと思ってね。）

確かに、英語の聞き取りに苦しんでいる私たちにとっては、このようにズバリ言われた
方がメッセージ自体は分かりやすいですが、英語文化におけるフィードバックでは、こ
うした分かりやすい組み立てでは話してくれないのが普通です。それゆえに、相手の意
図にピンとこない、といったことが往々にして起こります。では、これが最終的に相手に
伝えたい大切なメッセージだとして、特に北米のコミュニケーションでは、どのような

話し方で同じメッセージを伝えるのでしょう。今度は、北米文化における典型的な＜フィードバック＞の形で同じ例を聞いてみてください。

どうですか？　随分、印象が違いますね。「丁寧だな」「これなら、まあ聞き入れる気がするかな」と感じましたか？　ひょっとすると「ほめられてうれしいな～」と思ってしまう方もいるかもしれませんね。一方、「こんなに回りくどく言うかねぇ」「わざとらしい」などと感じる方もいらっしゃると思います。

もちろんコンテキストにもよりますが、少なくとも北米文化だと、フィードバックの場合、このくらい丁寧に言うことは決して珍しいことではありません。重要なフィードバックであればあるほど、このような手順を踏んだ丁寧なフィードバックをするのが一般的なのです。

EXAMPLE 1　見本例 2

実際の英語を見てみましょう。次のページを見てください。

Shinichi, first I want to thank you for all the hard work you've put in since you joined us about ten months ago.

（信一さん、まずは 10 ヶ月前に入社して以来、いろいろと頑張ってくれて、ありがとう。）

You've brought us five new clients, despite the difficulties you have communicating in English. That is good work.

（英語のコミュニケーションで苦労があるにもかかわらず、新しい顧客を 5 社開拓してくれて、頑張ってくれたよね。）

I also realize that you're working on your English skills by taking courses after work.

（それから、仕事のあとでクラスに通って英語力を上げるべく頑張っているんだよね。）

And so, I want to tell you that I really appreciate your hard work and effort.

（だから、いつも頑張ってくれて、本当にありがとう。）

However, I did want to talk to you about your English communication skills, Shinichi.

（ただ、信一さん、やはりあなたの英語コミュニケーション力のことについてちょっと話しておきたくて。）

I noticed that you were not quite following the telephone conference we had last week.

And as you know, it's absolutely essential to be able to follow and participate in a telephone conference if we're to be effective in doing business with overseas clients.

So, Shinichi, I wanted to talk with you about how we can work to best address this issue.

ここでの重要なポイントは、実は、言ってしまえば非常に簡単なことです。

英語は、必ず「全体像」が伝わるフェアーなフィードバックの仕方をする

まずは、先ほどから触れているように、プラス側についても言葉にして、相手に言ってあげるということ。マイナス側だけを見て言っているのではないことが伝わらなければいけません。「わざわざ言わなくても、プラス側もちゃんと見てるよ」というのが私たち日本人に多い感じ方なのですが、ここの感じ方が違うのだということを認識しておきましょう。日本と違い、小さい頃から家庭でも、プラス側もしっかりと「口に出して言ってもらえる」という文化の中で育ってきた人がほとんどなのが北米文化です。「プラスについては、いちいち言ってもらえなくて当たり前」という文化で育った多くの日本人と、ここの前提が大きく違います。北米文化の前提からすると、「言ってもらえない＝そう見ていない」という認識になりがちだということを頭に置いておかなければいけません。

もうひとつ大きな理由が考えられます。北米社会の多様性です。**人種、文化背景、宗教、その他、高度に多様な人たちが集まった社会では、「言わなくても分かる」「言わなくても伝わる」「当然、お互いに分かっていること」といったコミュニケーションの前提は成り立たない**のです。そういった思い込みは、ミスコミュニケーションの原因となり、結局、非効率であるか、下手をすると非常に大きなリスクを伴うことになるのです。プラス側もしっかりと口に出すことで、「プラス側もフェアーに見ている」ということを確実に伝えるだけでなく、同時に、「何がプラスなのか」ということをクリアにして、相手の理解や方向性の確認・調整をも行っていると言えるのです。

フィードバックでは、まずプラス側を具体的に述べてからマイナス側に

もうひとつのポイントが、「順序」です。**まず、プラスから**。これは心理的に言って、非常に分かりやすいことですよね。この点も、北米の職場などでは非常に意識されている点のようです。例えば上司から丁寧な「プラスコメント」が来ると、ある意味では「あぁ、何か言われるな……！」と先が読めるような面もあるようです。それほど、この「手順」は丁寧に守られているとも言えるわけです。逆に言えば、この「手順」がそれほど当たり

前に守られているとすると、その「当たり前の手順」をスキップして、そのままマイナス側のコメントにズバリ行った場合のインパクトは、日本人が思う以上に大きいということにもなります。「えっ、**当たり前の手順すら踏んでくれないわけ？**」といった感覚です。

フィードバックで重要な2つのポイントは、以上です。確かに、言ってしまえば非常に簡単なことです、でも、英語文化、特に北米文化のコミュニケーションでは、このことをとても大切にしているのです。両側がそろって「ワンセット」という感覚だと言ってもよいと思います。それを味わう意識で、先ほどの例を再度、聞いてみてください。

さて、この章で紹介したコミュニケーションの形を＜フィードバック形＞という名前で呼んでいますが、要は、「相手にとって耳の痛いことを言わなければならないときの形」ということになります。つまり、「相手に気をつかいながら、言いにくいことを言うときの形」ということですね。ですから、**問題指摘やアドバイス**といった、いわゆる「フィードバック」をするときだけでなく、前述のように、**相手に対して反論したり、反対意見を主張したりする場合**で、しかも、**最終的には相手の協力や理解を得る必要があるようなとき**にも大活躍します。次の例では、そうしたコミュニケーションの例を使ってこの形にさらに慣れてみましょう。

EXAMPLE 2

議論や意見交換などの場面で、単に客観的にクリアに自分の意思表示をズバリするだけでなく、相手の反応にも配慮しながら自分の意見を伝えなければいけないような場面です。

●クライアントとのミーティングのために、同僚のジョンとワシントンからボストンに向かいます。空港でのチェックイン。何とオーバーブッキングで席がないと言われてしまいます。次のフライトに乗るように言われますが、次のフライトは3時間後。これではミーティングに間に合いません。壊れたレコードのように「次のフライトに乗ってください」をガンとして繰り返すエージェントに、ジョンは、何としても、相手の責任において他社のフライトに席を確保してもらうように交渉します。

> **I have to ask you to book us on an earlier flight, even if it is on another airline.**
>
> （何としても、他社のフライトででも、もっと早い便に乗せていただきたい。）

さて、これをジョンはどう相手に伝えるでしょう。単にこちらの主張を言い立てるだけでは、北米ではなかなか相手は動いてくれません。ジョンの発言を聞いてみてください。

EXAMPLE 2　見本例

どうでしたか？　トランスクリプトを見て、話の組み立てを見てみましょう。

Ma'am, I understand that your general policy here is to book us on your next flight.
（次のフライトへの振り替えが通常の決まりだってのは分かります。）

I know you are just doing your job and following procedures.
（お仕事として、決められた手続きに従っておられるのも分かります。）

And under different circumstances, we would not mind waiting for your next flight.
（状況が状況でなければ、私たちも次のフライトを待つのに文句は言わないと思いますよ。）

But, I have to ask you to book us on an earlier flight, even if it is on another airline.
（でも、何としても、他社のフライトでももっと早い便に乗せていただきたい。）

We are headed for an extremely important meeting with an extremely important client of ours. A lot is riding on it.
（非常に重要なクライアントとの非常に重要な会議に向かうところなんですよ。大きなビジネスがかかっているんです。）

And you do agree that this whole thing is due to an overbooking on your part and not due to anything on our part, right? We need you to help us out here.
（それに、結局これは、そちらのオーバーブッキングがそもそもの原因で、私たちの方に原因があったんじゃないのは同意してもらえますよね？　何としても、ここは、助けてくださいよ。）

Please find us a flight that would get us into Boston by noon.
（お願いしますよ、お昼までにボストンに入れる便をさがしてください。）

まず相手の主張や立場に理解を示した上で、自分の側の主張に移行しています。わざわざ、という気もするかもしれませんが、英語文化のコミュニケーションでは、この「まず相手側の主張や立場を受け止めて、それから自分の主張を返す」というキャッチボールの形を踏まずして、なかなか事はスムーズに運びません。長年、北米に住んだ人なら、恐らく、骨身に染みて感じていることではないでしょうか。冗長な気がするかもしれませんが、「これでワンセットなんだ」という英語文化の感覚に慣れておくことが非常に重要です。このキャッチボールの感覚を味わいながら、もう一度音声を聞いてみてください。

それでは、ここで＜フィードバック＞の形と特徴を整理しておきましょう。

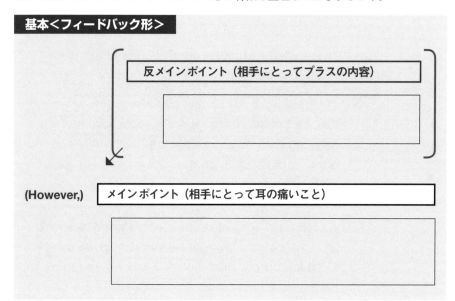

基本＜フィードバック形＞

反メインポイント（相手にとってプラスの内容）

(However,) メインポイント（相手にとって耳の痛いこと）

聞き手に対してフェアーなフィードバックをする

相手に対する「指摘、アドバイス、反論」など、自分の言いたいことが聞き手にマイナスの心理的インパクトを与える可能性がある場面で使われる形です。相手に対して問題点の指摘をするにしても、相手の意見に反論するにしても、自分の意見の土壌にある「相手のプラス面に対する認識」や、「相手に対する理解・賛成している側面」などをしっかりと伝えることで、自分の議論のコンテキストとなっている全体像を見せておきます。これによって、「丁寧に見てくれた上でのフェアーな意見」として、自分の意見をよりオープンに聞いてもらえるコミュニケーションを目指しています。

相手に対して言いにくいことをしっかりと伝えなければならない困難な場面であっても、フェアーに相手の立場や意見に理解と配慮を示しながら意見を提示することで、基本的な信頼関係の土台を崩さず、できれば強化する形でコミュニケーションをとろうとするのが狙いです。考え方や前提、主張の異なる人たちを説得して動かしながらやっていくというコミュニケーションの形の、最も進んだ形だといえるでしょう。

活躍場面

単に自分の意見を正確に理解してもらうことだけにとどまらず、「納得して受け入れてもらう」「動いてもらう」といった効果までもねらう場合に活躍します。言い換えれば、自分が言いたいことをズバリ伝えるだけでは、相手が「敵対的になる／身を守る体制に入ってしまう／傷ついてしまう／聞く耳を持ってくれなくなってしまう」といった懸念がある場合に必須のパターンです。

形の特徴

まず相手にとってプラスの内容となる情報（プラス側面、賛同、理解、譲歩、その他）を述べて、これから述べる自分の意見を正しく受け止めてもらえるための土壌を作ります。この際、口先だけでなく、誠意をもって、ある程度、具体的に述べることも大切なポイントです。また、この部分は、背景や前提の異なる相手と「こちらが何をプラスと思っているか、双方の共有点は何か」を確認する重要な作業でもあるのでしたね。

そして、プラス側を述べた上で、自分の意見に移ります。ここからは、これまでに学んできた<基本形>の考え方ですね。相手にできるだけ納得してもらえるように、いろいろなサポートを戦略的に使って説得します。

ポイント　<マイナス側>に移るときの旗印にも注目

この形の話の組み立てで、話し手が一番言いたいメッセージは、もちろん、後半の「(指摘・アドバイス・反論などの) マイナス側」部分です。話の前半部分から、この自分の最も伝えたい後半に移るときの旗印は、基本的に、<挿入>からメインポイントに移るときの考え方と同じなので、考え方としてはbutになります。ただ、p. 78 でも説明したように、but は「ここからが私の言いたいこと！　注目！」という感覚です。それだと、せっかく話したプラス側が全体像の中でほとんど打ち消される印象になってしまいます。そのため、この<フィードバック形>では、but の代わりにhoweverがよく使われます。however は「今まで言ってきたことに加えて、これから言うことも同時に大切！　注目！」という感覚です。つまり but よりも however を使う方が、前半で言った「(相手の意見や立場に対する理解・賛同・譲歩などの) プラス側」の部分が打ち消されてしまう印象が少ないのです。

さらには、but や however を使わずに、相手に伝えようとしている<マイナス側>が全体像の中でどの程度の割合のことなのかを示す旗印表現を上手に使って無用なインパクトを避けることもなされます。例えば次のような表現です。

> 🏴 ただ、ひとつだけね。
> Just one thing, (though).
> One thing I wanted to mention is ...

> 🏴 ただ、何点か。
> Just a couple of things, (though).
> I wanted to mention a couple of things, (though).

さらに最近では、＜プラス側＞にあくまでも「付け加えるコメント」として＜マイナス側＞を導入することもよく行われます。相手に対するインパクトを非常に意識したアプローチです。

> 🚩 加えて、ちょっと言っておきたいのが……
> I also wanted to mention ...
> Another thing I wanted to say, (though), is that ...
> And ...
> My (only) comment would be ...

Coffee Break

＜挿入形＞の一タイプとしての＜フィードバック形＞

ここで学んだ＜フィードバック形＞は、形そのものとしては前章で学んだ＜挿入形＞に非常に近いですね。一番最初に自分の言いたい結論をズバリ宣言してしまう部分を取り除けば、形としては同じになります。ある意味では、＜挿入形＞のひとつの独特の形だと捉えてもよいでしょう。

ここで＜フィードバック形＞を別個に取り上げたのは、コミュニケーションの特徴として、単なる論理的な説得という趣旨だけでなく、「相手に対する心理的インパクトにフォーカスした形」として、やはり＜挿入形＞の中でも非常に特徴的であると考えたからです。特に米国の文化では、コミュニケーションをよりスムーズで効果的にし、相手との信頼関係を築く形でコミュニケーションを図ろうとする上で、この＜フィードバック形＞の形を不可欠なポイントとして強く意識していると言えます。そのために、本書では一般的な＜挿入形＞から独立させて、単独で取り上げています。

Coffee Break

話の形に加えて、表現そのものも重要

この<フィードバック形>のコミュニケーションは、相手に「言いにくいことを言わなければならない場面」、つまり、**相手の心情に配慮する必要があるデリケートな場面でのコミュニケーション**だと言えます。そのため、話の組み立て自体が重要であることはもとより、英語表現のレベルでも、**相手に対する配慮を反映した的確な語句選択が非常に重要**になってきます。

英語には日本語のような定型的な「敬語」は確かに存在しませんが、**相手に対する配慮を示すためのさまざまな形での「配慮表現」の体系が厳然と存在**します。社会人になれば、私たち日本人が当たり前に「敬語」を使った大人同士のコミュニケーションをするのと同様、英語でも、きちんとした「配慮表現」を使ったコミュニケーションをします。加えて、「配慮を示す表現」だけでなく、**人を前向きに動かすための「ポジティブで積極的な表現・リーダーシップを感じさせる表現」の体系**も非常に重要視されています。この章で扱った指摘・アドバイス・反論などといった場面では、特にこうした「配慮表現」や「前向き表現」が重要な役割を果たします。

本書では触れることができませんが、K/H システムでは、こうした**英語の「配慮表現」や「前向き表現」の体系を英語学習全体の中でも不可欠な要素**と考えており、システム全体の中でも非常に重要な柱として扱っています。

❷実例サンプルで体感

この＜フィードバック形＞の理解を深め、感覚レベルに落とし込むために、実際の英文の中で＜フィードバック形＞を体験しましょう。実際のスピーチや会話の中から、＜フィードバック形＞の例を抜粋しました。このサンプル英文を利用して聞き手にとって**＜プラス側＞**部分と、話し手が本当に伝えなければならない**＜メインポイント側（相手にとってマイナス側）＞**部分のワンセット感覚を意識して、＜フィードバック形＞のデリケートな味わいを聞き取れることを目指してください。

具体的な学習方法としては、解説を読んで音声を聞き込むことも可能ですが、例えば、次ページのようなステップに沿って学習することでより効果をあげることができます。

> ☛K/Hシステムの基本学習法を使った英語力強化のための学習ステップと、本書の全EXAMPLEおよび実例サンプルの語句解説が私たちのウェブサイトで見られますので、ご活用ください。
> ⇒ http://www.kh-system.com/

STEP 0 まずは英文の音声を聞いて自分の感覚の現状把握をする

現状把握をしておきたい人は、是非やってみてください。話の組み立てをしっかりと把握したあとの感覚との違いを味わうのも、学習に効果があります。

STEP 1 立体トランスクリプトと解説で話の組み立てを確認

<フィードバック形>の形に沿った話の組み立てが視覚的に分かるように、トランスクリプトはすべて立体にしてあります。意味や解説で英語自体の理解も深めておきます。

STEP 2 立体トランスクリプトを目で追いながら聞き取りのシミュレーション

音は聞かずに、立体トランスクリプトの英語を目で追いながら、英語が聞こえてきているつもりで、論旨をしっかりと追った聞き取りのシミュレーションをします。

STEP 3 音声で音として英語を聞きながら、話の組み立てを味わいながら聞く

音声を聞きながら、<フィードバック形>の形をしっかりと味わいながら、論旨をしっかりと追う聞き方の感覚をつかんでいきます。

STEP 4 シャドーイングで感覚をさらに根づかせる

英文と<フィードバック形>をしっかりと味わいながらシャドーイング＊をやり込んで、感覚を根づかせます。　　　　　　　　　　　　＊シャドーイングのやり方については p. 40 参照

実例 SAMPLE 1

> I believe that Americans respect the Japanese persons
> > for their hard work, their serious work,
> > and many times their technical expertise.

And, | one of the things that is valued is if a Japanese person will take the time and the patience to clearly teach and communicate some of the technical skills that they have.

> The style on how you teach is different for every person. One of the styles in Japan is on-the-job training.
> > And very often a teacher will not give you clear teaching. They will let you try and fail and, and succeed on your own.
> That's one style.

That's a very frustrating style for most Americans.
> Most Americans would like to be told what they need to do, and then to perform that task.

解説 日系企業で働くジェネラル・マネジャーが、アメリカ人社員の視点から日本人駐在員に対して希望（アドバイス）を語っている部分からの抜粋。

[出典：Bruce Brownlee ― K/H Interview]

理解見本 アメリカ人は日本人の方々の勤勉さと真剣な仕事ぶり、そして多くの場合、技術的な専門性に敬意を感じていると思います。それで、ひとつ、ありがたいのは、日本の方が時間と忍耐をかけて、もっておられる技術をクリアな形で教えたり、伝えた

りしてくださるとありがたいんです。教え方のスタイルというのは人によって違います。日本におけるひとつのスタイルは、OJT ですね。で、往々にして、先生は明確な形で教えないんですね。試行錯誤をさせて、自力で成功させます。ひとつのやり方ですね。で、これは、ほとんどのアメリカ人にとっては、非常にフラストレーションを感じるスタイルなんです。ほとんどのアメリカ人は、何をしなければならないかをはっきりと言ってもらって、それでその作業を成し遂げるというのを好みますね。

語句

serious

日本語でいうと、口語的ですが「マジな」という表現がぴったりかもしれません。コンテキストによって、こうした**「真剣な・深刻な・本気の」**などの意味になります。

One of the things that are valued is if...

valued は「価値を感じてもらえる・評価される・ありがたく思ってもらえる」の意味。「…してほしい」という言い方をせずに、**「ありがたく感じられることのひとつは、…した場合である」**という遠まわしな言い方で、アドバイスをくれています。

to take the time and the patience to ...

直訳的な意味合いは「…する時間と忍耐をちゃんとかける」で、**「必要な時間と忍耐をかけて…する」**といった感覚の意味になります。

on-the-job training

一般的に OJT と略して言われますが、**「仕事を通した訓練・育成」**です。

実例 SAMPLE 2 🗨 53

Cleveland is a wonderful, distinguished city that's done a lot of great things,

But, it has the highest poverty rate in the country.

One out of almost two children in Cleveland are now living in poverty.

解説 2004 年の大統領選の際の副大統領候補のディベートからの抜粋。民主党のエドワード候補が、米国における貧困の問題について語っている部分。ディベート開催地のクリーブランドを例としてあげる部分での発言。

[出典：Vice Presidential Debate 2004]

理解見本 クリーブランドは素晴らしい、非常に立派な街で、素晴らしいことをやってこられた街であります。しかしながら、この街は、貧困率がわが国の中でも最も高い数字になっています。クリーブランドの約 2 人に 1 人に近い子供たちが貧困の中で暮らしています。

語句

distinguished
「ほかから区別されるような」というのがもともとの意味。ほかのものや人から際立つような「立派な」ものとして評価されていたり、有名だったりするときに使います。

poverty rate
連邦政府が定める **poverty line**（最低の生活水準の維持に必要な所得を割り出した数字）を下回る世帯に暮らす人たちの割合。

one out of two children
割合を示すときのひとつの表現方法。「**One out of two 名詞**」で「…の半分・50 パーセント」ということになります。

それでは、最後の章では、これまで見てきた「話の組み立て」という概念の意味合いを
まとめるとともに、皆さんの今後のステップアップのための英語学習の視点などを紹介
して終わりたいと思います。

**ロジカル
リスニング**

**PART 1
学習編**

① 話の組み立てパターンのおさらい

本書では、英語文化で典型的な話の組み立てのパターンを見てきました。まず、第一に、私たち日本人にとって自然な話し方が、「背景（詳細）から結論」の方向に進むのが一般的なのに対して、**英語はその逆で、「結論から詳細」に進む**のが一般的であることを学びました。

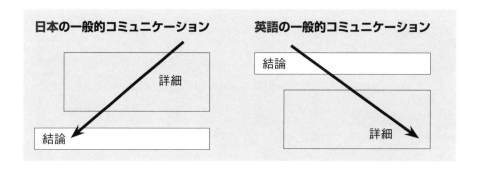

第二に、この順序に加えて、英語では、何かを言ったら、それに納得してもらうための「**説明を必ず加える**」というのが＜基本形＞でした。

英語は、「結論を言って、説明を加える」が基本形

この２つの感覚が私たちにないと、非常に基本的なレベルで、英語のネイティブスピーカーの話を「何か話がかみ合わない」「どうも間が合わない」「理屈や言い訳が多い」と感じてしまうことになるのでしたね。

それでは、＜基本形＞をまとめておきましょう。

基本形

目的　論理的、明確に意思を伝える！

活躍場面

論理的、客観的に意見を伝えるのが適切である場面で使われます。つまり、聞き手への心理的インパクトに配慮する必要が特になく、何よりも「こちらの意見と、その根拠が明確に伝わる」ことが重要であるときに使われます。

> **メインポイント** [最も言いたいことを述べた文]
>
> > **サポート**
> > [メインポイントに納得してもらうための説明]
>
> So,　メインポイントの再提示

さて、ここでさらに進んで、サポート（メインポイントについての説明部分）にもいろいろな種類があることを学びましたね。理由や原因だけでなく、英語では、いろいろなサポートのタイプを戦略的に使って相手を説得するのでした。

英語では、いろいろなサポートを使って、戦略的に相手を説得する

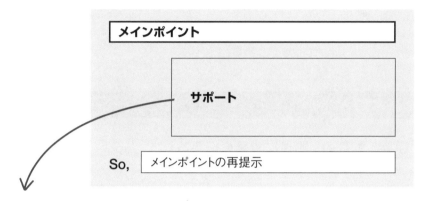

「納得できるように、もっと詳しく言ってくれるぞ」と楽しみに待つのでしたね。
可能性としては、だいたい以下の4つのタイプを頭に置いて聞くと話が追いやすくなるのでした。

詳しく言ってくれるかも……
「つまり、こういうことだよ」
「言い換えると、こういうことだよ」
「詳しく言うと、こういうことだよ」

原因・理由・根拠なんかを言ってくれるかも……
「どうしてかっていうとね、……」
「理由はね、……」
「どうしてそう言えるかっていうとね、……」
「どういう理屈でそうなるかっていうとね、……」

例やエピソードで具体的に言ってくれるかも……
「具体的には、例えばね、……」
「ひとつのいい例はね、……」
「例えば、こんなことがあったよ。……」

重要性や利点を強調してくるかも……
「これって、こんな意味があるんだよ」
「これって、こんな意味ですごく大事なんだよ」
「これって、こんな利点があるんだよ」

次に紹介したのは、基本形に＜挿入＞が加わる形でした。自分の話に納得してもらうために役立ちそうな情報を、ちょっと脱線して加えて、**but** でもとの話の本線に戻る形（パターン）でした。

英語は、＜挿入＞で、聞き手の理解や納得をさらに助ける

ここでの聞き取りポイントは、脱線（挿入）部分に移ったり、話の本線に戻ったりする「移行」を見抜けるか、という点でした。

＜挿入＞で脱線したら、but で必ず話の本線に戻る

そのためには、**本線に戻るときの but が一番大切なヒント**になるのでした。また、挿入に移行する際の目印となる旗印表現も少し紹介しました。話の「形（パターン）」と、こうした「旗印表現」に慣れることで、メリハリをもって、確信をもって聞き取れる力をつけるのが、聞き取り力向上のカギになるのでしたね。

それでは、＜挿入形＞をまとめておきましょう。

基本＜挿入形＞

目的　聞き手の、疑問・誤解・反発を先取りして解消！

活躍場面

客観的、合理的に考えて、聞き手の頭に浮かぶ可能性のある疑問、誤解、反論を予想して、それを先取りして解消しながら話すことで、**無用な混乱や、誤解や反発を未然に回避し、聞き手の理解と納得感を促進します**。議論したり、入り組んだ話をしたりするときなどに、「こちらの意見を、なるべくオープンに聞いてもらい、正確に理解し、納得してもらう」ことが重要であるときに最もよく使われます。

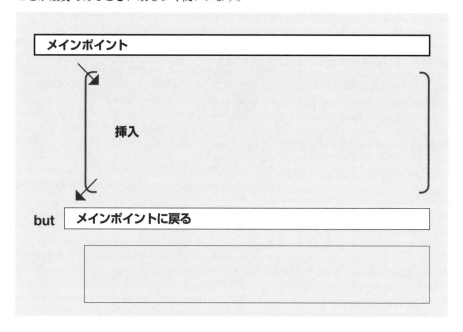

さらに進んで、＜挿入＞のいくつかの典型的なタイプも紹介しました。

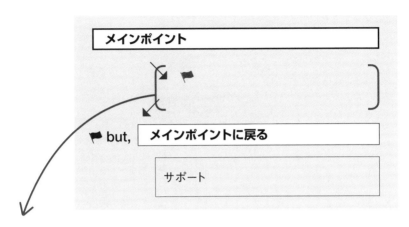

話から脱線して、こちらの「疑問・誤解・反論」などを前もって読み取った但し書きを入れてくれるかもしれない、と常に覚悟をして聞くのでしたね。

重要なのは、本線を見失わないこと！！！

脱線の可能性としては、だいたい以下の4つのタイプを覚悟しておくとよいのでしたね。

でも、逆も言えそうだよなぁ……
「確かに、
…っていうのも本当なんだけど」
「確かに、
…って言う人もいるけど」
「確かに、
…って言うかもしれないけど」
「確かに、
…っていうのは分かるんだけど」

旗印表現

🏴 確かに、…っていうのも本当なんだけど
　Certainly, ...
　It's true that ...

🏴 確かに、…って言う人もいるけど
　Some people say [argue] that ...
　Some may say [argue] that ...

🏴 確かに、…って言うかもしれないけど
　You may say [think, argue] that ...

🏴 確かに、…っていうのは分かるんだけど
　I realize [know] that ...
　I understand that ...

それって、こういう意味で言ってるのかなぁ……
「ただし、…と言っているんではありませんよ」
「ただし、…という意味ではないですよ」

旗印表現

🚩 ただし、…って言っているんじゃないですよ、
🚩 そうではなくて、…と言っているんです
    🚩 I'm not saying that ...
    🚩 But, I am saying that ...

🚩 ただし、…ということではないですよ、
🚩 そうではなくて、…ということです
    🚩 It's not that ...
    🚩 But, it's that ...

    🚩 It doesn't mean that ...
    🚩 But, it does mean that ...

この人どういう人？　この話どう聞けばいいの……
「ただし、こういう人間の話としてき聞いてくださいね」
「ただし、こういう範囲で参考にしてくださいね」
「ただし、こういう目的で話しますからね」

え、それって知らない……まあいいけど、気になるなぁ……
「ちなみに、これは…なんですが」
「ちなみに、補足しておくと…なんですが」

最後に紹介した話の組み立ての形（パターン）は、＜挿入形＞に非常に近い形でしたが、**聞き手に対する心理的インパクトに何よりもフォーカスした＜フィードバック形＞**でした。この形のポイントは、ふたつありましたね。

英語は、必ず「全体像」が伝わるフェアーなフィードバックの仕方をする

何よりも、日本人の私たちが口に出さずに通ってしまう「相手にとってのプラス側」を、**きちんと言葉にして相手に伝える**ということ。これで、冷静に、フェアーに状況全体を見た上で発言しているのだということが伝わるのでしたね。

フィードバックでは、まずプラス側を具体的に述べてからマイナス側に

そして、もうひとつが、その順序でしたね。**まずプラス側を述べて、フェアーに見ていることを伝えてから、自分が言いたいポイント**に移っていきます。

この形によるフィードバックが非常に重視されている北米文化においては、このふたつのポイントを守ってあげることが、相手との信頼関係を大切にしようとする誠実さのひとつのあらわれとして受け取られるということでしたね。

それでは、この形をまとめておきましょう。

基本＜フィードバック形＞

目的　聞き手に対してフェアーなフィードバックをする！

活躍場面

相手に対する「指摘、アドバイス、反論」など、自分の言いたいことが聞き手にマイナスの心理的インパクトを与える可能性がある場面で使われる形です。問題点の指摘や、相手への反論など、相手にとって受け入れにくいことをしっかりと伝えなければならない困難な場面であっても、フェアーに相手の立場や意見に理解と配慮を示しながら意見を提示します。

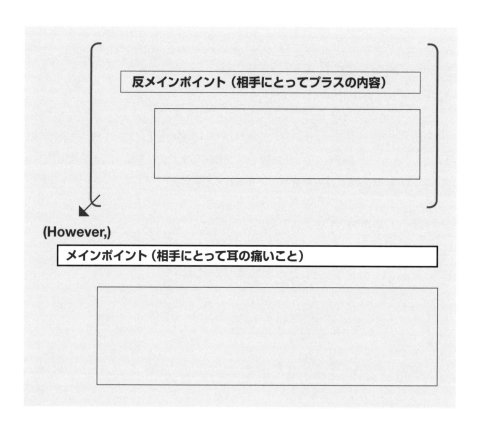

反メインポイント（相手にとってプラスの内容）

(However,)

メインポイント（相手にとって耳の痛いこと）

さらに、メインポイントの側に移るときの表現についても、いくつか紹介しました。全体像の中で、自分の言いたいメッセージ（相手にとって耳の痛い内容）の方が、どの程度の割合や重みのものなのかを伝えることで、不必要にインパクトが大きくなることを避けようとするのでしたね。

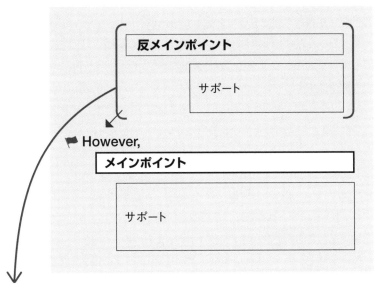

「あっ……何か言われるな」と、先が読めて気が重いかもしれませんね。でも、「全体像を見ているよ」ということを示すステップをきちんと踏んでくれていることを味わって、先を待ちます。

旗印表現

🚩 ただ、ひとつだけね
Just one thing, (though) ...
One thing I wanted to mention is ...

🚩 ただ、何点か
Just a couple of things, (though) ...
I wanted to mention a couple of things, (though) ...

🚩 加えてちょっと言っておきたいのが
I also wanted to mention ...
Another thing I wanted to say, (though), is that ...
And ...
My (only) comment would be

2 英語学習の効率を上げる〈パターン〉探し

本書では、英語のコミュニケーションでよく見られる「話の組み立て」の中でも、特に典型的で、基本形といえるものを選んで紹介しました。もちろん生のコミュニケーションは生きたやりとりですから、きっちり形通りの組み立てで話すとは限りません。ただ、こうした典型的な話の組み立ての特徴を理解し、形にある程度慣れておくことで、話の大きな筋をはずすことなくネイティブスピーカーの話を追える力が必ずつきます。今まで、一文一文を必死で追っていたのが、より大きな「パラグラフ単位の組み立て」の特徴をヒントに、文と文の間の関係を見抜きながら、スピーカーの大きなメッセージを正確に取る聞き方に変わっていきます。

K/Hシステムの既刊本『**究極の英語学習法 K/H システム 基本編**』、『**同　中級編**』(共にアルク刊) を学習された方はご存知のように、これまでの2冊では、「**一文を正確に聞く力**」を磨いてきました。その際に重要なのは、文の中の一単語一単語を追うのではなく、「文の組み立て (文のつくり)」の特徴を理解した上で、文全体を見渡し、文全体の意味を正確につかむことだと学びました。そして「文の組み立て」の基本的な特徴は、「結論→詳細→詳細」という順番で情報が足されていくことにあるのだと説明しました。

一方、本書では、文と文の集合体ともいえるパラグラフに注目し、パラグラフを聞く際にも、「話の組み立て」の特徴を理解した上で、パラグラフ全体を見渡し、パラグラフ全体の意味を正確につかむことが重要であることを学んだわけです。また、パラグラフの「話の組み立て」の特徴も、**基本は「結論→詳細」という流れ**だということを学びましたね。

つまり、文のレベルでも、パラグラフのレベルでも、「結論→詳細」を基本的な特徴とする「全体の構造」を追うことが重要だということなのですね。これまでの書籍でみなさんに一文単位でやってきてもらったことを、今度はパラグラフというより大きな単位で実践してもらう、そのための力を強化 —— 本書のテーマの意味合いはそこにもあるわけです。

一文単位の「文のつくり」の感覚の身に付け方については、前述の2冊『基本編』『中級編』、およびK/Hシステムの公開セミナーで学んでいただけます。

⇒ http://www.kh-system.com/

一文の組み立て

＜基本形＞

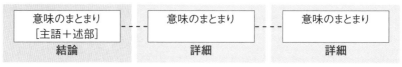

意味のまとまり [主語＋述部]	意味のまとまり	意味のまとまり
結論	詳細	詳細

＜その他のパターン構文例＞

➪ 例えば、以下の例文（【例】）を見てください。この文は、お馴染みの頻出構文です。「あ、昔習った決まった形（パターン）の構文だ」と気づくでしょうか。important の代わりにもいろいろな形容詞が来ますね。

【例】It's important for me to practice English one hour everyday.

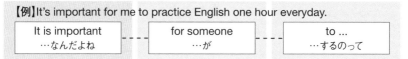

It is important …なんだよね	for someone …が	to ... …するのって

➪ 次の構文も、「いわゆる」頻出構文ではないですが、よく出没するパターンです！ I thought [said, felt, heard, read など] の 2 単語であっという間に文の結論部分が終わってしまう上に、that 節の長～い目的語をとることが多いため、聞き取りで負荷の高い文。それだけでも大変なのに、述語と目的語（that 節）との間に、「どういう状況で（例：when I was watching CNN / as I was listening to you）」という情報が割り込みで入ってくるパターンが、よく出てくるんですね。パターンとして慣れてしまうと、大きな力になるよい例です。

【例】I thought, as I was listening to your plan, that it might be beneficial to contact John for his input.

I thought 思ったんだよね	(as/when [ ]) …してるとき	that [ ] …だなって

➪ 以下の構文も大活躍のパターン！ [What we need to do] でひとつの名詞のかたまり（名詞節）で「われわれがすべきこと」の意味になります。この部分が、what our employees want / what we could have done などと長くなったりしてきます。絶対に慣れておきたいパターンですよ！

【例】What we need to do is to focus on what we can do about it.

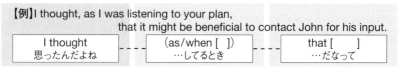

[What S + V]　is 僕らが必要なのは何かって言うと	to ... …することだよ

さて、前述の既刊本『基本編』『中級編』では、文の形のパターンとして、基本形と言える「結→詳→詳」と同時に、よく出てくる文の形のパターンを＜パターン構文＞として語句解説で紹介してきました (前ページ参照)。基本形ほど広く、英文の基盤として見られるものではないですが、特に私たち日本人にとって聞き取りで負荷の高いもので、かつ、非常によく出てくる文の構造を指しています。「これって、すごくよくあるパターンなんだよ。慣れておくと、結構、いろいろな場面で聞き取りが楽になるよ」というやつです。こうした「パターンとして慣れて、自分のものになっている文の形」が増えれば増えるほど、一単語一単語を必死で追いながら聞き取るのでなく、文全体を先に見抜いて、負荷なく聞き取れるところが増えていくわけです。

「構造、組み立て」の視点からパターンを見抜いて、そのパターンに慣れていく。この視点がないと、どうしても、「この文の単語が分かったら OK、この文の意味が分かったから OK」という学習で終わってしまうことになりがちです。それに対して、**構造にも注目して、パターンとして身につける学習の視点が加わると、「出てくる文との関係が、毎回、『一期一会』の関係」という学習から抜け出し、「帰納的」な効率の高い学習 * へとレベルアップする**ことができます。

* p.147 ＜Coffee Break：「帰納的」学習が必要になる段階＞参照

本書で学んだパラグラフ単位の「話の組み立て」も、**まさに同じことです。ここで学んだ3つの形を基本の基本として**、この後も、多読多聴を含む今後の学習の中でたくさんの英語に触れ、その中で、「あれっ、この話の進み方って、前にもあったぞ」というように自分でもパターンに気づくことを目指してください。英文そのものに加えて、**構造に注目してパターンを拾う。この視点で、英語学習の効率を大きく上げていってください。**

ひとつの例として、ここで、本書で扱った3つの基本形に加えて、もうひとつ、よく出てくる話の流れのパターンをお見せしておきましょう。

こんな場面を想像してみてください。そして、実際に音声を聞いて、聞き取りに挑戦してみてください。

> ある商品についての会議。売り上げの伸び悩みを解消するために、競合他社に劣る機能の改善を主張するグループと、コストアップを理由に改善に反対するグループが、かなり感情的になって議論しています。それを静かに聞いていた上司のクリスが以下のように発言します。　🎧 55

さて、クリスの発言を、どう聞きましたか。発言の内容を見てみましょう。

It's clear that we can't raise our prices. In order to be competitive in this market, our price needs to be where it is, if not lower. And that means we need to keep our costs as low as we can. At the same time, it's also clear that the functions we offer on this model are not strong enough for us to compete in this price category.　So, the question we might want to look at is: Can we make this product more competitive? And how can we do it? Let's try this angle.

（明らかに、価格はこれ以上、上げられない。このマーケットでやっていくには、価格は今のレベルか、それ以下じゃないとだめなくらいだ。そうなると、コストはできるだけ抑えなきゃならない。一方で同時に、このモデルは、この価格帯では今の機能のままじゃ弱すぎるっていう点も明らかだ。ということは、本当に考えてみるべき問題は、この商品の競争力を上げられるか。そして、どうすればそれができるか、という点だ。この角度から考えてみよう。）

この発言のかたちから、ひとつの非常に典型的な話のパターンを見てとることができますが、いかがですか。多分、会社の会議などでは、この形で話が進むことは結構あると思います。よく見てみましょう。

ここでの議論は、以下のふたつの視点でまずぶつかっている前提ですね。

  A) 競争に生き残るには、価格を抑える必要がある　（下線部分）

  B) 競争に生き残るには、機能を改善する必要がある　（点線部分）

このふたつの意見が対立する意見として衝突し、「どちらをとるか」という進展のない議論になってしまっています。クリスは、その両方が重要な課題であることを確認した上で、「どちらをとるか」という二極論の視点にとらわれた議論を突破する糸口を提供しています。

  C) ポイントは「この商品は、このままでは競争に勝てない」

   →「この商品の競争力を上げるための方策は何か」　（ハイライト部分）

皆の議論の切り口とフォーカスを変えています。ある意味では **A)** と **B)** とを超えて、**両方を生かせる視点（止揚した視点）** で考えられないかと提案しているわけです。「○か×かの二者択一」しかない二極論だけからは出てこない発想も、両方を否定しない第3の道を模索する視点に切り替えることで絞り出せるかもしれないわけです。ここでは、非常に単純化した例を出していますが、仕事の中でこうした議論の展開は、結構あり得ることではないかと思います。

実際、この $\boxed{A（＝反 B）}$ 対 $\boxed{B（＝反 A）}$ → $\boxed{C（A＋B）}$ という話の展開はよく出てきて、この展開でよく使われる旗印表現もあります。これを仮に＜止揚形＞と名付けるなら、次のような形がパターンとして抜き出せます。

＜止揚形＞パターン

目的　対立する意見を止揚した視点での議論を促す！

活躍場面

ふたつの対立する意見の間で進展のない二極論に陥ってしまっているときに、議論の視点やアプローチを変える目的で使われます。例えば、ふたつの理にかなった視点の間で、「そのいずれをとるか」の二極論になってしまっているなら、そのふたつの視点をともに生かせる方向での議論の視点に変えたりします。または、2人の人間が衝突している際に、仲裁に入って、双方の意見や立場に理解を示しつつ、双方が折り合える方向での議論に変えたりするのに使われます。

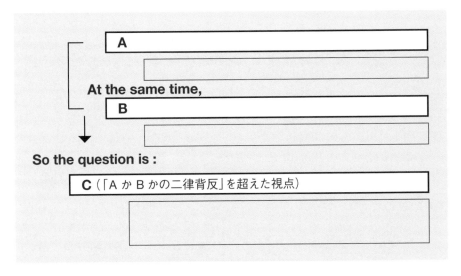

あくまでもひとつの例ですが、英語にたくさん触れる中で、ぜひご自分なりに「パターン」を探してみてください。ある程度の量に触れないと、なかなか頻出するパターンに気づくのは難しいですが、この視点をもっていると、絶対に吸収力と学習の効率が上がります。K/Hシステムの学習法がとても大切にしている、ひとつの特徴的な学習視点だといえます。ぜひ、参考にしてみてください。

「帰納的」学習が必要になる段階

多くの方にとって、英語学習は、**文法や単語、よく使う表現、よく出る構文を教えられて、それを信じて活用する**、いわゆる「**演繹的**」学習が主だったのではないでしょうか。この方法は、初期段階では最も効率のよい学習法なのですが、あるレベル（大体 TOEIC®L&R テスト［以下 TOEIC］800）を超えてもこの方法だけで学習していると、**テストの点はよいのだけど、現場での運用能力に反映されない**という結果になりがちです。

TOEIC800点前後になっている方で、本格的な英語力を目指すなら、「**帰納的**」学習も取り入れる必要があります。「帰納的」学習とは、多くの英語を聞き、読む中で、自分なりに、「これって『表現パターン』『構文パターン』または『論理構造（話の組み立て）パターン』かな？」と**自問自答しながら、パターンをさがそうとする、それを身につけようと学習すること**です。単語・表現レベルの「意味」の側面で言えば、コンテキストごとに辞書でぴったりくる訳語を見つけて満足してしまう視点でなく、それぞれの単語の意味のコアをさがそうとする視点で学習することです。こうした「帰納的」な視点での学習の過程で、**ネイティブの英語の感性により近づき、今の英語力が実戦的にも通用する運用力に高まる**のです。

本書が対象としている **TOEIC800点以上の方々は、意味や用法などを「教えてもらう」という英語学習教材の使い方から乳離れが必要なレベル**にきていると思います。もちろん、どんなレベルになっても、学習教材の解説から役立つことを効率的に学べるのも事実なので、教材を使った学習から離れるべしということではありません。ただ、学習教材で解説してあることだけに頼った「演繹的」視点だけで学習をしていては、実戦で通用する英語運用力やネイティブの感性に合った自然な英語表現を身につけるという点で、非常に効率が悪いように思います。

まとめると、「帰納的学習」のポイントは、英語に当たるときに、**いかに自分で帰納して英語の表現パターン、構文パターン、論理構造パターンを見つけるか、ネイティブの感覚で単語や表現の意味のコアをつかむか**、ということです。それをどれだけつかんで持っているか、そして、それをどこまで自分のものとして身につけられているか。それが、最終的には英語運用力と英語の自然さを決定します。本書の PART 2 は、そのためのスタートとして利用することも可能でしょう。

⑦ おわりに

❸ 今後の学習への生かし方

本書では、英語のコミュニケーションでよく見られる典型的な「話の組み立て」について、聞き取りを中心に慣れていただきました。まずは、「そうなんだ」「こんな感覚をベースにネイティブは話しているんだ」という点に興味をもち、納得していただければ目的は達したと思います。ここで学んだことは、**論旨をしっかりと追って、細かいニュアンスまで正確にとらえる、メリハリのある聞き取りができる力をつける上で近道であり、また不可欠な要素でもある**と考えています。

さて、今後の学習への生かし方として、以下、いくつかをアドバイスして本書を終えたいと思います。

1. 本書 PART 2 を使って、学んだ形に徹底的に慣れる！

本章の後ろに、「PART 2　実践練習用付録」があります（p. 153〜）。ここでは、本書で学んだ＜基本形＞＜挿入形＞＜フィードバック形＞の聞き取り練習サンプルが集めてあります。学んだことを自分の感覚にしてしまうには、たくさんの例に触れる必要があります。PART 2 の例を使い、音声を聞き込んで、形の感覚を自分のものにしてください。

力試しの感覚で、まずは初めて聞く感覚で形を見抜けるか試してみるのもよいでしょう。ただし、形の感覚を身につけるためには、最終的には英文の意味を確認した上で、話の流れ（形）を意識しながら、よく聞き込んでください。

2. 本書 PART 2 を使って、形に沿ったスピーキングの練習！

「PART 2　実践練習用付録」に入っているたくさんの例を使って、スピーキングの練習
をすることも可能です。まず、それぞれの例の意味をしっかりと確認して、伝えようとし
ているメッセージをしっかりと自分の中で整理します。そこからは、ふたつの視点で練
習が可能です。

① **まずは、形に沿ったスピーキングを目指す**

まずは自分の英語で、スピーキングします。サンプルの英語表現と違ってもまったく
問題ありません。ただし、そのときに、話の組み立てだけはきちんと「形になっている」
ようにします。自分でやってみて、音声を聞き込む、自分でやってみて、音声を聞き込
む。これを繰り返していくことで、形にも慣れ、次第に、次の ② を目標にした練習も
できるようになりますよ。

② **形だけでなく、英語そのものも身につけてしまう**

PART 2 のサンプルは、文や表現自体も、応用の効く、英語としてよく使われる自然
な表現が詰まっています。どうせなら、形に慣れるだけでなく、表現も身につけてし
まいましょう。『基本編』『中級編』、または K/H システムのセミナーで学習した方は、
文のつくりをしっかりと意識して、「結→詳→詳」のかたまりの感覚で正確に、スピー
ディーに文をつくる練習をしましょう。

語句解説

本教材の実例サンプル例については、語句解説は、紙面に限りがあるた
めに、非常に簡単なものになっています。『基本編』『中級編』でお馴染み
の K/H 式の詳しい語句解説をご希望の方は、K/H システムのウェブ上
で公開しています。

⇒ http://www.kh-system.com/

スピーキング練習のコツ

スピーキング練習をする際に、上手なメモをつくっておいて練習をすると非常に効果的です。話の**エッセンスだけを簡潔に**、しかも話の組み立てが分かるように**立体的に**メモっておきます。

やってごらん

（ たしかに
　　　　めんどー！　なれるまで ）
×

でも、やるといいよ！

[Egが おぼえられる
　　（ × 丸暗記 ）
　プレゼンの 練習に なる

∴ やってごらん！

このやり方は、最初のうちは面倒ですが、慣れてくると非常に便利です。スピーチやプレゼンの練習にもなります。プレゼンで自分の伝えたいことを、形に沿って整理した簡単なメモだけ用意し、自分で自然に話せるところまで練習しておきます。

話の内容と話の組み立てがしっかりと自分の中で整理されているために、プレゼンを覚えるのがはるかに楽です。しかも、単なる「丸暗記」と違って、本当に中身に納得して話している感覚でプレゼンができます。

3. 多読多聴で、さらに感覚を強化！

「第7章-2 英語学習の効率を上げる<パターン>探し」(p. 140) でも述べましたが、英語を「一期一会」のアプローチで学んでいるのでは、非常に効率が悪いです。文の単位にしろ、パラグラフの単位にしろ、「構造」にも注目してパターンを見つけ、パターンとしてグループで慣れ、パターンを使いこなせる練習をすることが学習効率を上げる大切なポイントです。

多読多聴でも、常にその意識をもって取り組みましょう。

① **知っている形が出てこないか楽しみに探す**

特に、基本形の「何かを言ったら、詳しい説明」「何かを言ったら、理由」といった特徴は見つけやすいので、まずはこれを意識するようにしてみてください。さらには、アプローチの違うサポートが複数出てくる例も非常に多いので、「これは理由だ。その後ろは、利点を売って印象付けるサポートだ」などと味わってみてください。

② **その他の頻出パターンを自分でも探してみる**

英語力がある程度ある方であれば、自発的な「頻出パターン探し」を楽しむ姿勢で常に取り組むことです。文単位にしても、パラグラフ単位にしても、この意識で能動的な興味をもって、英語を分析的に味わいながら、徹底的に取れるものを取る意識で貪欲に学習してみましょう。

ここまでお付き合いくださり、ありがとうございました。PART 2に進まれる方は、これまでに学んできたことを感覚の一部にできるように、よく解説を読み、よく音声を聞きこんで、楽しく学習してください。

本書の学習は、一文の単位の学習から一歩進んで、パラグラフ全体でスピーカーのメッセージを追うという学習でした。英語を味わうレベルがひとつ大人になった感覚だったと思います。本格的な英語力に必要な要素として、とても重要な柱になる部分でした。K/Hシステムでは、「実戦的英語力に不可欠な柱」としては、このほかにもいくつかあると考えています。そして、それぞれの柱が、実は、非常に有機的に関連し合っていると考えています。本格的な「英語コミュニケーション力」を考える場合、そうしたいくつかの柱を中心とするひとつの有機的な体系として学習し、身につけていくことに大きな利点があるという思いをもっています。

現在、毎年1000人以上の社会人の方々を企業研修や一般公募コースなどで直接教えていますが、その中でも、こうした想いはさらに強まってきています。同時に、まだまだ、英語の特徴、英語の面白さ、英語の難しさを日々発見しては、学習法としてどのように形にしていくべきなのか工夫を重ねています。「できるだけ楽しく、できるだけ学習の負荷が少ない効率的な形で、しかも質の高い本格的な英語力を身につけられる」、そんな学習法を提案できるよう、今後とも頑張っていきたいと思います。

必要からにしろ、自分の楽しみのためにしろ、英語学習に取り組んでいらっしゃる皆さんが、英語学習を通じて、何か自分の感覚や視野が広がる喜びを得ながら、目指すゴールに近づいていかれることを祈っています。

国井信一／橋本敬子

ロジカル
リスニング

PART 2
実践練習用付録

① PART2 の学習の仕方

🎧 57 ［PART 2 を使った学習について］

PART1 では、英語の「典型的な話の組み立てパターン」を紹介しました。PART2 では、このパターンに慣れるために、実際の英語の例にたくさん触れてみましょう。「よく聞き込んで、感覚に染み込ませよう」という考え方で取り組んでください。

以下のいずれかのやり方で聴いてみてください。

⇨ **聞き取りの「力試し」をしたい人の場合**
　漠然と聞き取りに挑戦するよりも、明確な目的意識をもって聞き取りに取り組む方が効果的です。各実例サンプルには、聞き取りのための「ヒント」ページが付いています (p. 168 参照)。まずその中の「内容」欄のみに目を通し、実例サンプルが話された背景や文脈だけを把握した上で、音声を聞いてみてください。その次に「語句リスト」、次に「組み立て」といった具合に、「ヒント」ページの項目をひとつひとつ確認しながら、その度に聞き取りに挑戦しましょう。「ヒント」ページの項目のチェックが一通り終わったら、最後に「実例 SAMPLE」ページの立体トランスクリプトや解説などを読んで、さらに何度も聞いて感覚をつけていく練習をしてください。

⇨ **学習型の人 (じっくり学習したい人) の場合**
　「ヒント」ページの項目をベースにした聞き取りの「力試し」に挑戦する必要はありません。最初から「ヒント」ページとともに「実例 SAMPLE」ページの立体トランスクリプトや解説などもじっくり読んで納得してから、音声を何回も聞いて、感覚をつけていく学習をしてください。

➤ さらに実際にシャドーイング、リテンション、英語戻しなどの作業をすることで、英語ごと、話の組み立てを身につけてしまうのも非常に効果的です。

☛ K/H システムの基本学習法を使った英語力強化のための学習ステップ
と、本書の全 EXAMPLE および実例サンプルの語句解説が私たちのウェ
ブサイトで見られますので、ご活用ください。
⇒ http://www.kh-system.com/

聞き取りの力試しに取り組むときや、身につけるための練習をするときには、英語力の
レベルに応じて、以下のような視点で取り組んでみてください。まだ英語力のレベルが
低い段階で、あまりにも細かいことまでいっぺんに理解しよう、吸収しようとすると、余
計に混乱してしまうことがあります。その場合は、まずは自分のレベルに合った視点で
吸収し、英語力が上がってきた頃に、再びこの本を手にして、今よりも高い視点で見直し
てみるのがベストでしょう。

⇛ 英語力初級者（目安：TOEIC®L&R テスト750以下）

✔ まずは、全体の＜基本形＞としての大きな構造を意識

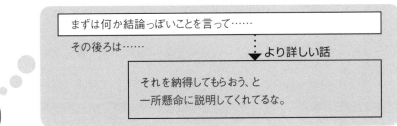

→ これによって、以下の聞き取りの力がついてきます。

● 結論部分を聞き落とさない

●「何か言ったら、詳しく説明」という英語の話の順序に慣れる

●「結論＋サポート」という話の大きなユニットが見えてくる

⇨ 英語力中級者 [下]（目安：TOEIC®L&R テスト750～880）

✔ まずは、＜基本形＞の全体の構造を意識して、かつサポートごとのまとまりも見抜けるようにする。サポートの種類までは差し当たり、気にしない

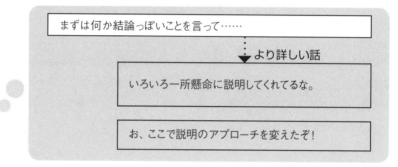

まずは何か結論っぽいことを言って……

↓ より詳しい話

いろいろ一所懸命に説明してくれてるな。

お、ここで説明のアプローチを変えたぞ！

→ これによって、さらに以下の聞き取りの力がついてきます。

● サポートの内容自体にも少しは意識が向けられる

●「いろいろなアプローチでサポートできるんだ」という感覚が身につく

● 複数のサポート間の転換点が見抜ける

● リーディングでは、サポートの種類にまで興味がわき、理解が深まる

⇨ 英語力中級者 [上]（目安：TOEIC®L&R テスト880～950）

✔ まずは、＜基本形＞全体の構造を意識して、サポートのまとまりを見抜くことを優先して、かつ、できる範囲でサポートの種類まで意識してみる

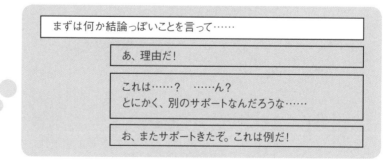

まずは何か結論っぽいことを言って……

あ、理由だ！

これは……？　……ん？
とにかく、別のサポートなんだろうな……

お、またサポートきたぞ。これは例だ！

➡ これによって、さらに以下の聞き取り力がついてきます。

- ●「結論とサポート」という話の大きなユニットの構造を見失わずに、サポートの中身にも強い意識がいく

- ● どこかが聞き取れなくても、全体の構造・メッセージを見失わない

➡ 英語力上級者（目安：TOEIC®L&Rテスト950以上）

✔ なるべく一発で、サポートの種類まで意識して聞き取れるようにする

> 言いたい結論はこれで、
>
> > まずは……詳しく説明してくれてるな。
> > OK, OK
>
> > で、次、……理由だね、なるほど。
>
> > で、最後に……利点を訴えてますね。

➡ これによって、さらに以下の力を養っていきます。

- ● 非常にメリハリをもって、論点をとらえられる

- ● 話の各パーツの特徴・役目が見えているので、話を最後まで忘れない

- ● 議論のポイントも見えやすい

上級者へのアドバイス

サポートの種類を意識する際、自分の判断が当たっているかどうかを**気にしすぎる必要はありません**。大事なのは、その判断を「しようとする」ことにあります。実際、「詳細の説明」とも「理由」とも取れるサポートや、「詳細の説明」とも「例」とも取れるサポートなどがあります。境界線はそれほど明確なものではありません。また、この4つのグループ分けからはずれるものもあるはずです。

ただ、まずはこの4つのグループ分けを手がかりに、自分なりに判断しようとすることで、サポート部分の特徴をしっかりと意識できるようになります。その結果、英語を聞

いたり読んだりするときに、話の流れ（結論とサポートのリンク）や、サポートの内容が以前よりも明確に分かってきますので、はるかに話が追いやすく、かつ、話を忘れにくくなります。

さあ、それでは、実例を味わってみましょう。必ずしも聞き取りに挑戦する必要はないですよ。ここで学んでいることは、一見簡単なようで、一朝一夕に感覚が身につくものではありません。聞き取りで一発で効果が出るのは、かなり英語力の高い人に限られると思います。まず何よりも、**話の構造を味わう意識**をもって、たくさん英語に触れて、慣れていくことが大切です。

❷見本サンプルで感覚を強化

生の素材を使った実例サンプルでの練習に入る前に、こちらでつくった見本サンプルで少し慣れておきましょう。ここで使う見本サンプルは、生の素材よりも、少し分かりやすいつくりで、発音やスピードの面でも聞きやすいものになっていますので、これを聞き込んで、先に感覚を強化しておきましょう。

さて、まずは＜基本形＞ですね。ここで身につけたい感覚は、以下のふたつでした。

英語は、「結論を言って、説明を加える」が基本形

英語では、いろいろなサポートを使って、戦略的に相手を説得する

それでは、＜基本形＞で、いろいろなサポートを使って説得してくれる感覚に慣れましょう。サポートひとつずつでは、もう面白くないでしょうから、ひとつのステートメントでたくさんのサポートがくるものを使ってみましょう。まずは、次の2ページを見て、見本サンプルの英語と意味を確認してください。その上で、音声で、それぞれのサポートと、それらを駆使して説得してくれる感覚を味わい、楽しみながら聞き込んでみてください。

I love traveling in foreign countries.

私は外国を旅行するのが大好きです。

I love walking around in an unfamiliar town, surrounded by sounds of unfamiliar languages and watching people go on with their daily lives.

見慣れない街を歩き回るのが大好きなんです。聞き慣れない言葉の音に囲まれて、人々が日常の暮らしをしているのを眺めながら歩き回るのが大好きなんです。

I usually go on a trip at least twice a year. I've traveled to many European countries like Germany, France, Poland, Hungary, Austria.

普通、年に少なくとも２度は旅行します。旅行した国としては、ドイツ、フランス、ポーランド、ハンガリー、オーストリアなどのいろいろなヨーロッパ諸国がありますね。

「海外旅行が好きだ」というのを、最初のサポートでもう少し詳細に、スピーカーが海外旅行の「'何が'好きなのか」「'どう'好きなのか」をもっと「詳しく伝えてくれた」という感じですね。とてもイメージが湧きますね。

次のサポートでは、「外国旅行が大好き」であることを、「あぁ、本当にそうなんだな」「あぁ、そんなに好きなんだ」と納得してもらえるように、実績を示していますね。

もっといろいろなサポートも味わってみましょう。

見本 SAMPLE A (2) 🔊 59

I love traveling in foreign countries.

私は外国を旅行するのが大好きです。

> I think I love the experience because it heightens my sensitivity and makes me appreciate life more.
>
> 思うんですが、外国旅行の体験が好きな理由は、感受性がとても高まって、人生を大切に思う気持ちが強まるからだと思います。

> Traveling is truly my passion, and it's an opportunity for me to grow and to learn. And I hope to continue to enjoy traveling in foreign countries throughout my life.
>
> 旅は本当に私が心から好きなことで、私にとって、成長し、学ぶ機会だと感じています。ですから、今後とも、一生を通じて外国の旅を続けていきたいと願っています。

今度のサポートでは、もっと合理的に、「'どういう理由で' 外国旅行が好きなのか」「'なぜ' 外国旅行が好きなのか」ということを分析して説明してくれました。

最後のサポートでは、「外国旅行が好き」といっても、どれほどそれが自分にとって大きな意味をもつことなのかを伝えてくれています。話者の思い入れの強さが伝わり、外国旅行好きという以上の奥行きが与えられ、印象が深まりますね。

こんなふうに、いろいろな味わいのサポートで、「旅行が好きだ」ということについて話してくれました。サポートは複数くる場合でも2、3種類くらいが普通ですが、4つ並ぶのも決してめずらしくないことです。こうなると、ちょっとしたミニ・プレゼンテーションのような感じになりますね。音声には4つのサポートのそろったものが入っています。ぜひ聞き込んでみてください。

🎧 59

もうひとつ別の例で同じ練習をしましょう。今度は、最初から一挙に4種類のサポートの入った形で見てみましょう。

> My sister and I are like twins.

私と妹は、まるで双子みたいなんですよ。

> It's not that we look alike. We think so much alike. It's almost like we understand each other without words.

見た目が似てるというのではないんです。考えることが似ているんです。ほとんど、言葉にせずにお互いのことが分かってしまうという感じです。

> I think part of it is because we shared so much when our family was going through a tough time.

その理由には、家族が大変だった時期に、本当に多くのことをふたりで共有したということもあるんだと思います。

> I remember, once when we went to a movie, we found ourselves constantly tearing up exactly at the same scenes. And the movie wasn't a tear-jerker either.

こんなことがありましたよ。一度映画を見に行ったときに、何度も何度も、お互いにまったく同じ場面で涙ぐんでいるのに気づいて驚いたものです。しかも、映画はまったく泣かせるような映画でもなかったんですよ。

> I think the fact that I have her in my life gives me the feeling that I have someone who truly understands me and with whom I can share anything.

思うのですが、私の人生に彼女がいてくれるおかげで、私は、自分を本当に理解してくれて、何でも共有できる人がいてくれるんだという気持ちを持てているのだと思います。

最初のサポートを見てみましょう。まず、「私たち、双子みたい」と聞いただけではいろいろな解釈ができますから、「'どういう意味で'双子みたいなのか」を知りたいですね。「見た目が似ているのかな」と思いきや、そうではなくて「考え方や感じ方が似ている」という意味で「似た者同士」なのだと詳しく説明してくれたのが、最初のサポートです。ちなみに、このように、「～ではなくて、…なんです」と、相手が誤解しそうなことに「×（ペケ）」をして、対比して「○（マル）＝正しい説明」をする、というのも詳しい説明

のときによく出てくる一般的な形です。

次のサポートでは、妹と自分が、「どうして、以心伝心なほど似ているのか」ということ
を分析して、その理由、原因を説明してくれています。

3つめのサポートでは、具体的なエピソードを例として、妹と私が「いかに似た者同士で
あるか」「いかに、気持ちの動きが双子のようにそっくりか」ということを伝えようとし
てくれています。イメージがわきますね。

最後が日本人の私たちにとってはなかなかピンときにくいサポートかもしれません。重
み付け、印象付けをしてくれているサポートです。「双子のように似ている」というこ
とが、いかに話者にとっては大きなことで、大切なことで、かけがえのないことかが伝
わり、「双子のように似ている」ということが単なる事実以上の奥行きと重みをもって、
聞き手の印象に残ります。

最後にもう一例見てみましょう。今度は「マネジャーたるもの、どうあるべきか」とい
った内容で話しています。これなど特に、立派な、ミニ・プレゼンテーションになります
ので、聞き込んでみてください。スピーキングの参考にもなると思います。

A manager needs to be able to think in a big picture.

マネジャーというものは、大局観をもって考えることができるなくてはなりません。

This means that, as a manager, you can't be completely focused on the daily operations and the perspectives of your group, or section, or department. You need to be able to step back and look at things in a larger context and from a long-term perspective.

マネジャーであれば、自分のグループ、セクション、部課の日々の業務や視点に埋もれてしまうわけにはいきません。一歩下がって、ものごとをより大きな枠組みと、長期的な枠組みから見ることができなければなりません。

This is because, as a manager, you are not just responsible for daily operations and the short-term performance of your unit. What's more important, you're also responsible for the mid- and long-term direction of your unit and for contributing to the overall growth of the company.

その理由は、マネジャーであれば、自分の部署の日々の常務と短期的な業績に対してのみ責任を負っているんじゃないですね。もっと重要なこととして、自分の部署の中長期的な方向づけと、会社全体の成長への貢献に対する責任も負っているからです。

For example, as a manager you want to constantly look at the whole company, the whole industry, and the whole business environment, and to develop an effective mid to long-term plan for your unit. You also want to look at not just the current performance of your subordinates but also ways to help them develop with their long-term career in mind.

例えば、マネジャーなら、常に、会社全体、業界全体、ビジネス環境全体を見て、自分の部署のための優れた中長期的計画を策定すべきでしょう。また、部下の現在の業績だけを見るのではなく、その人の長期的なキャリアを頭に置いて成長を手伝うべきでしょう。

> This is one of the most important characteristics of a manager. By thinking in a larger context, you as a manager can truly be effective and contribute to the long-term development of your unit and your subordinates and ultimately of the entire company. Without it, the daily effort of a manager can only ensure the short-term success of his or her unit.
>
> これはマネジャーの資質でも最も重要なもののひとつです。大局観をもって考えることで初めて、マネジャーとして真に求められる力を発揮し、自分の部署と部下たち、果ては会社全体の長期的な成長に貢献できるのです。これがないと、マネジャーの日々の努力も、単に、自分の部署の短期的な成果を保証するだけになってしまいます。

まず、「大局観をもてないとだめ」というだけでは、具体的にどういうことを言っているのかが、まだ漠然としています。最初のサポートで、まだまだ概念的とは言え、より具体的な表現に落としてくれたことで、だいたいどういう能力のことを言っているかの概要がつかめました。ここでも「×○」の形で、「〜ではなくて、…ですよ」という対比で説明をしてくれているのでわかりやすいですね。

次のサポートでは、マネジャーに「大局観をもってものを考える力」が求められる理由、原因を、分析的に説明しています。

3つ目のサポートでは、ある程度、聞き手に理解ができてきた土壌の上で、「では、具体的には、例えば何ができなければいけないのか」という例を挙げることで、聞き手の理解をより具体的で、緊迫感のあるものにしていっています。

最後が、マネジャーとして大事な力である「大局観をもって考える」ということが、いかに重要なポイントであるかを念押しするサポートです。ここでは、「大局観をもって考える力」がある場合にどういう利点があり、ない場合にはどういうマイナスがあるかを示しています。これも、こうした重み付けのサポートに非常によく登場する話し方です。もちろん、「理由」を挙げているサポートともとれますから、そう理解しても特に大きな問題はありません。ただ、自分の言っているポイントの「理由を客観的に述べて説明する」

という感覚のサポートだけでなく、自分の言っているポイントの「重さ（重要性、意味合い、面白さなど）をねじ込んで、心に留めてもらえる度合い、印象の度合いを高めよう」とするサポートの視点と、その味わいをしっかりとつかんでください。説得のコミュニケーションにおいて、**説得力の鍵になるサポートとなる**場合が多いのです。

さて、見本サンプルはこのくらいにしておきましょう。これを聞き込んで、感覚を強化する一方で、生の英語の中での実例にも触れていきましょう。

上級者向け　進んだ視点

サポートのタイプに特徴的な旗印表現にも注目！

どんなアプローチで説得してくれようとしているのか ── それが早く見抜けるほど、話も追いやすくなり、メッセージもしっかりと頭に残る聞き取りができます。そのためには、まず、**サポートが来ることを予測し、アプローチの違う複数のサポートが来ることもあるという覚悟で話を聞く**ことでしたね。慣れてきたら、それに加えて、サポートのタイプに**特徴的な旗印表現**にも注目することで、さらに感覚が強化されます。本書では詳しく触れませんが、少し例を挙げておきます。余裕があれば、少しずつこうした点にも興味をもって英語に触れていってください。また、サンプル例でも、こうした表現を**色字**にしてありますから、参考にしてください。

 より詳細な説明

This means that ...（つまりどういうことかと言うと……）
More specifically, ...（もっと具体的に言うと……）
In other words,（つまり、別の言い方をすると……）

 理由・原因

This is because ...（この理由は……）
The reason is, ...（理由は……）
Part of it is,（理由として考えられるのは……）

 例・データ・エピソード

For example, ...（例えば、……）
I remember, ...（こういうことがありましたよ……）
Let me give you some examples [figures].（少し例［数字］を挙げましょう。）

 重み付け

This is important because ...（このことはとても重要なんですよ、なぜなら……）
With A, we can ～ . Without A, we can't ...
　　　　　　　　　　（A があれば～できるが、A がないと…できない）
その他のプラス用語 [can/be able to/an opportunity/greater/stronger etc]

❸ 実例サンプルに挑戦

さあ、それでは生の素材を使った実例サンプルでの練習に入りましょう。実力試しも織り込んで学習する人は **p. 154 ～ 158** も参考にして取り組んでください。

実力試しをする人は、このページのヒントを参考に挑戦してみても結構です。一番上のヒントからひとつずつ見ながら何度か挑戦することもできます。

実例SAMPLE 1　ヒント

内容 在米日系企業のエグゼクティブ・マネジャーのインタビューから抜粋。日系企業で働いていて感じる、日本人とアメリカ人の違いについて聞かれた質問に対する答え。

[出典：Sam Heltman — K/H Interview]

ヒント一語句リスト

to generalize ...	....	一般論で言う
diligent	....	勤勉
more A than B	....	BというよりはA
to get excited about ...	....	～に興味をもつ、夢中になる
to sustain a static situation	...	静的な状況を維持する

ヒント一組み立て

形は最もシンプルな基本形です。「もっと詳しく教えて」と、楽しみに待つ感じで聞き取ります。

ストレート・トランスクリプト

I think that ... if I may generalize for a minute, many Americans are more creative than they are diligent, you know. They tend to search for the better way, the easier way and get excited about inventing new things as opposed to the effort required to sustain a static situation over a long time.

音声で聞きながら分析する前に、トランスクリプトを見ながら、話の組み立てを少し自分で考えてみるのもよいですね。

実例 SAMPLE 1　ヒント

内容　在米日系企業のエグゼクティブ・マネジャーのインタビューから抜粋。日系企業で働いていて感じる、日本人とアメリカ人の違いについて聞かれた質問に対する答え。

［出典：Sam Heltman — K/H Interview］

ヒント一語句リスト

to generalize ...	一般論で言う、一般化する
diligent	勤勉
more A than B	B というよりは A
to get excited about ...	…に興味をもつ、夢中になる
to sustain a static situation	静的な状況を維持する

ヒント一組み立て

形は最もシンプルな基本形です。「もっと詳しく教えて」と、楽しみに待つ感じで聞き取ります。

ストレート・トランスクリプト

I think that ... if I may generalize for a minute, many Americans are more creative than they are diligent, you know. They tend to search for the better way, the easier way and get excited about inventing new things as opposed to the effort required to sustain a static situation over a long time.

> I think that ... if I may generalize for a minute, many Americans are more creative than they are diligent, you know.

> They tend to search for the better way, the easier way and get excited about inventing new things as opposed to the effort required to sustain a static situation over a long time.

理解見本 　思うのですが、ちょっと一般論で言わせてもらえば、多くのアメリカ人は、どちらかと言えば、勤勉というよりは、創造性があるといった方がよいと思います。彼らは、よりよいやり方、より簡単なやり方を探そうとしがちで、新しいことを発明することに夢中になりがちです。長期間、決まった状況を維持するのに求められる努力よりも、そうしたことに夢中になりがちです。

- -

解説 　まず、メインポイントの文で、「×○（…でなくて、～）」という形で自分の言いたいことを宣言しています。この内容を正しく分かってもらうために、**同じ内容をより詳しい言い方で言い換えて**くれています。したがって、サポートの中も同様にマルペケで、ただし英語での順序は、「○×（～。…ではなくてね。）」で説明されていますね。

- -

語句

if I may generalize
「アメリカ人は……」とか、「アメリカでは……」といった単純な一般論化の危険を認識している人が、でもあえて大まかな傾向を一般論で言いたいときに、**「いろいろと細かく見ればさまざまであることは分かっているものの、あえて一般論として言うと」**といったニュアンスでお断りを入れる決まり文句。

many Americans are more A than B
一般論で言うにしても、「アメリカ人は…だ」といった決めつけた表現を嫌い、**「多くのアメリカ人がBであるよりも、よりAである」**という言い方をして、あくまでも「一般的な傾向」として特徴を語っています。これは、人種・文化・性別・宗教などに対する偏見には非常に厳しい**米国文化で大変重要な言葉上の配慮**です。サポートの方でも、tend to を使うことで、こちらも**「傾向」**として語っています。

実例 SAMPLE 2　ヒント

内容　クリントン大統領の退任演説からの抜粋。任期を総括して、米国の現状を語っています。[出典：President Clinton Farewell Address — January 18, 2001]

ヒント一語句リスト

to do well	……………………	うまくいく
to break records	……………	記録を破る、記録を更新する
home ownership	……………	持ち家率
expansion	………………………	経済成長
the Family Leave Law	………	家族休暇法
to move off welfare	…………	生活保護を受けなくなる

ヒント一組み立て

形は最もシンプルな基本形です。サポートの中が、大きな項目ふたつに分かれていますよ。

ストレート・トランスクリプト

Working together, America has done well. Our economy is breaking records, with more than 22 million new jobs, the lowest unemployment in 30 years, the highest home ownership ever, the longest expansion in history. Our families and communities are stronger. 35 million Americans have used the family leave law. Eight million have moved off welfare. Crime is at a 25 year low.

実例 SAMPLE 2　　　　　　　　　　　　　　（🔊 63）

> Working together, America has done well.

> Our economy is breaking records,
> 　　　with more than 22 million new jobs,
> 　　　the lowest unemployment in 30 years,
> 　　　the highest home ownership ever,
> 　　　the longest expansion in history.
>
> Our families and communities are stronger.
> 　　　35 million Americans have used the family leave law.
> 　　　Eight million have moved off welfare.
> 　　　Crime is at a 25 year low.

理解見本　皆で力を合わせ、アメリカはよい成果を出してきました。経済は、いろいろな記録を塗り替えています。2200万の新規雇用が創出され、失業率は過去30年で最も低い数字です。持ち家率は過去最高で、景気拡大は史上最長です。また、家族や地域社会も強化されました。3500万人のアメリカ人が家族休暇法を利用しました。800万の人が、生活保護を離れ、自活するようになりました。犯罪件数も過去25年で最低の数字に下がりました。

· ·

解説　「アメリカがうまくいっている」ということを、**例を挙げて証明**しています。例も、大きくふたつの分野に分けていますね。後半は分かりやすいつくりですね。「家族やコミュニティーの絆が強まったんだ」という（サポートの中の）メインポイントをまず立てて、それを具体的な例でまたサポートしている形で3つのことが言われました。前半も考え方は同じです。文の前半で「たくさん記録を更新した」というメインポイントをまず立てて、with以降で4つの事象を挙げて、サポートしています。文としては、サポートの4つの事象の部分も入れて一文です。面白いですね。文がこんなに長くなっても、「**まず、ポイント。それから具体的な例をいくつか挙げてくれている**」というのが見えると、聞き取り自体もとてもやりやすくなります。

· ·

語句

do well
「よい成果を出す」「経済的に豊かになる」「健康でいる」と、非常に広く理解できます。コアの意味は**「よくやる」**という意味で、あとはコンテキスト次第です。ここでは、経済、社会などの広い分野にわたり、クリントン大統領の任期中のアメリカの実績を語っているようですから、**「よい成果を出してきた」**としています。

Family Leave Law

1993 年にクリントン大統領が署名して法律とな
った通称、**家族休暇法**。正式名称は Family and
Medical Leave Act（家族医療休暇法）。従業員に
対して年に 120 日の無給休暇を保証することを企
業に義務付けたものです。

to move off welfare

off は「はずれる」「離れる」といったニュアンスの
前置詞ですから、直訳的には**「生活保護からはずれ
去る」**といった感じになります。

... year low

... year low / ... year high でよく使われます。「…
年来の最も低い／高いレベル」、「**…年ぶりの最低
値／最高値**」の意味になります。

高度な視点

■ サポートの中もロジックパターンの小宇宙 ■

もうお気づきの方もいらっしゃるかもしれません。実はサポートの中も、ロジックパターンの小宇宙になっている場合が多いですね。今見ていただいた実例サンプル2では、それが少し分かっていただけるように、サポートの中も立体的にしてみました。解説でも説明したように、サポートの箱の中がさらにふたつの＜基本形＞で成り立っていますね。

このように、**サポートの中が＜基本形＞＜挿入形＞＜フィードバック形＞になったり、さらにその組み合わせになったりして、話がさらに立体的になる**んですね。特に、サポートの中が＜基本形＞になっていることで、話全体としてはメインポイントからサポート、その中のメインポイントからサポートと進み、**「結論から詳細へ、詳細へ」**と話が進む、非常に英語らしい典型的な流れになることが多いです。

本書の、特に PART 1 では、サポートの中までトランスクリプトを立体的にすると非常に複雑に感じられてしまい、初心者には余計に感覚をつかんでもらいにくくなると考えて、サポートの中は基本的に立体にしていません。サポートに関しては、まずは「ひとつのアプローチで説得している'まとまり'」としてとらえる感覚を身につけてもらう方が先決だと考えたからです。

PART 2 に入ると、サポートの中が＜基本形＞＜挿入形＞＜フィードバック形＞の形になっているような、より長い話も増え、分かりやすいものについてはサポートの中もトランスクリプトを立体的にするようにしてあります。

余裕のある方は、そこも楽しんでみてください。余裕のない方は、まずは大きなサポートの箱のまとまりを感じることに焦点を置いて取り組んでください。

■ 'It's not an exact science!' ■

また、繰り返しになりますが、ここで学んでいることは「規則」のようなもので
はありません。原稿なしで普通に話している場合であれば、尚更、杓子定規に今
回学んだ３つのパターンで全てを割り切ろうとしても無理な話です。

本書での学習の趣旨は、典型的なパターンと、その趣旨や特徴、その目印になる
表現などが分かっていることで、まずは、きちんと話してくれる人の話なら少々
複雑になってもメリハリをもって非常に正確に理解できるようになるということ
です。さらに、少々のバリエーション版や劣化版で話す人の話を聞く場合も、大
筋をはずさないための目のつけどころや読みができて、はるかに楽に、誤解なく
理解できるようになるということです。

「例外もの」や「複雑系」にまず目が行って、こだわってしまうことで、「基本パタ
ーン、典型パターン」に興味も価値も感じられなくなってしまう方がよくいらっ
しゃいます。私たちとしては、**言語やコミュニケーションは「科学」ではなく「生
きた技を身につける」類のこと**だと思うのです。したがって、「'基本'になって
いて、'応用力'につながる＜形ｓ＞」とそのココロをできるだけ早く見抜いて、
できるだけ早く身につけてしまい、それから「例外もの」と「複雑系」を攻略する
のがよいと考えています。それが一番、効率的で効果的な「技の身につけ方」な
のではないかと考えています。

実例 SAMPLE 3　ヒント

内容　米国の日系企業の人事部門で働くジェネラル・マネジャーのインタビューで、仕事だけでなく、公私共に自分が大切にしているものについて語った部分の抜粋です。

[出典：John Baylis — K/H Interview]

ヒント―語句リスト

integrity	……………………………	正直さ
to mean ...	…………………………	…を意味する、本心で意図する
dignity	…………………………	尊厳、品格
respect	…………………………	相手を尊重する気持ち

ヒント―組み立て

これも形は最もシンプルな基本形です。「もっと詳しく教えて」と、楽しみに先を待つ感じで聞き取ります。

ストレート・トランスクリプト

What I've learned in my life now is to have integrity. Integrity means to say what I mean, mean what I say, but to do it with dignity and respect.

実例 SAMPLE 3　　　　　　　　　🔊 64

> What I've learned in my life now is to have integrity.
>
> Integrity means ┌─ to say what I mean, mean what I say,
> 　　　　　　　　 └─ but to do it with dignity and respect.

理解見本 　今、自分の人生で学んだこととしては、筋の通った人格であるということがあります。筋の通った人格というのは、つまり、本心を語り、言ったことに責任をもち、しかもそれを尊厳と相手を尊重する心をもってやるということです。

・・

解説 　詳しい説明でサポートしてくれるときの典型的な形ですね。~ means;「つまり~はどういうことかというと」で詳しく説明してくれます。

・・

語句

integrity
辞書などでは「正直さ」と訳されていますが、もっと意味が深い言葉です。日本語になりにくいですが、もともとの意味は**「欠けや、混じりなどのない、完全なひとつのまとまり」**という意味です。人格に関して言えば、そのとき、そのときで、「うそをつかない」ということを見ているのではなく、その人が一貫して、常に、すべてにおいて、ひとつの価値観などで貫かれていて（＝一貫、一体）、それに外れるうそやごまかしなどがないことを言います。

to say what I mean and mean what I say
これ全体で、**「言行一致」「言葉にうそがない」**ということを言うときの決まった言い方です。To mean が「意味する→意図する→本心で思う」といった意味になることから、「what I mean（本心で思うこと）を言い、what I say（自分の言うこと）を mean（本気で意図する）」といった意味になり、前述のようなメッセージになります。

respect
辞書などでは「尊敬」と訳されていますが、多くの場合、そう理解するとピンときません。コアの意味は**「重いもの（価値がある、大切なもの）としてみる気持ち」**を言います。したがって、respect for human life（人の命を大切にする気持ち）といった使い方が見られるわけです。そこから派生して、コンテキストによっては「相手の優れた面についての尊敬」「礼儀」「尊重」などのいろいろな日本語の概念がぴったりときます。

実例 SAMPLE 4　ヒント

内容　米国の日系企業の広報担当ジェネラル・マネジャーのインタビューからの抜粋。Eメールの使い方について話している部分から。Eメールを書く際のエチケットを列挙したあと、「以上が、私がEメールエチケットと呼ぶものです」とまとめに入った部分です。　　　　　　　　　　[出典：Bruce Brownlee — K/H Interview]

ヒント―語句リスト

etiquette ………………………　エチケット
to be considerate of ... ………　…に配慮する、…に気を配る
the response rate ……………　返信・返答の早さ（または率）

ヒント―組み立て

形は最もシンプルな基本形です。自分の考えるEメールのエチケットを説明し終わって、最後の締めの部分ですよ。さあ、これで皆に納得してもらって、実際にそれを生かしてほしい、というのが彼のねらい。

ストレート・トランスクリプト

...... I call this e-mail etiquette, and I believe that if Americans would send e-mails in this manner and be considerate of the person who is receiving that e-mail, then the response rate would be faster and the communication would be clearer.

実例 SAMPLE 4　🎧 65

> ...... I call this e-mail etiquette,

> and I believe that if Americans would send e-mails in this manner
> and be considerate of the person who is receiving that e-mail, then
> the response rate would be faster and the communication would be
> clearer.

理解見本　以上が、私がEメールエチケットと呼ぶものです。で、私としては、もしもアメリカ人がこのようなやり方でEメールを送り、そのEメールを受け取ることになる人に対して配慮を示すなら、そうすれば、返信ももっと早くなるでしょうし、コミュニケーションもずっとクリアになるだろうと強く思います。

解説　自分の考えるEメールエチケットを説明したあとの、**最後の締めくくりの部分**です。締めくくると同時に、最後にもうひとつサポートを入れているのですが、締めくくりにふさわしく、そのEメールエチケットの利点（価値）を整理、強調し、自分の提案を聞き手に「売る・アピールする」効果を出しています。とても英語の話らしい締めくくりです。

語句

e-mail etiquette
ビジネスとして適切で、効果的なEメールの書き方については、アメリカの職場でもいろいろな議論があります。ネット上のチャットなどでのエチケットも含めて、ネットを使ったコミュニケーション全体のエチケットを netiquette と呼ぶこともあります。

実例 SAMPLE 5　ヒント

内容　在米日系企業のエグゼクティブ・マネジャーのインタビューから抜粋。日本人とアメリカ人のコミュニケーションの仕方の違いに言及し、日本人流の「背景から入って、結論が後回しになる話し方」に対するアメリカ人の反応について質問したのに答えている部分。　　　　[出典：Sam Heltman — K/H Interview]

ヒント－語句リスト

impatient ………………………… いらいらした状態

to get to ... …………………… …に至る

to stay with conversation …… 話を追う、興味をもって話に参加する

to state one's point ………… 言いたいことのポイント（核心）を述べる

your point in ...ing …………… …することの目的

ヒント－組み立て

種類の違うサポートがふたつ来ますよ！まずは、サポートがふたつあることが何となく分かれば OK。種類の違うサポートにしっかり納得できれば、さらに素晴らしいですよ。

ストレート・トランスクリプト

Well, a typical American will become impatient if you don't get to the conclusion very quickly. They tend to lose interest, and not stay with your conversation. I can remember as an engineering manager many years ago, if someone came to my desk, I wanted them to state their point very quickly. I wanted to know, "What? Are you going to ask me something? Are you going to tell me something? What's your point in being here? Don't come in and just start to talk," you know.

実例 SAMPLE 5　　　　🎧 66

Well, a typical American will become impatient if you don't get to the conclusion very quickly.

> They tend to lose interest, and not stay with your conversation.

> I can remember as an engineering manager many years ago, if someone came to my desk, I wanted them to state their point very quickly. I wanted to know, "What? Are you going to ask me something? Are you going to tell me something? What's your point in being here? Don't come in and just start to talk," you know.

理解見本 典型的なアメリカ人はいらいらしてきますね、すぐに結論にいってくれないと。だいたい興味を失って、話を追わなくなってしまうことが多いでしょうね。私も覚えていますが、ずっと昔、私がエンジニアリング・マネジャーだったとき、もしも誰かが私の机に来たら、私は趣旨をすぐに言って欲しかったですね。「何？　何か質問したいのか、何かを伝えたいのか、一体ここに来た趣旨は何なのか？　入ってきて、ただしゃべり始めるな」という感じですね。

解説 まず結論部分で「impatient になる」と言って、最初のサポートではそれが具体的にどういう状況なのかをより詳細に説明してくれました。さらに自分の経験からのエピソードが加わって、「impatient」が非常に具体的に、いきいきとしたイメージのレベルで理解できましたね。

語句

a typical American will ...
「'典型的な' アメリカ人は…」という言い方で、人種をひとくくりにした決めつけの表現になることを避けています。特定のグループに対する偏見に敏感なアメリカでの、「言い切りにならない一般論の話し方」のよい例です。

to stay with someone's conversation
「興味をもって聞く」「話をきちんと追う」という意味の決まった表現です。

the point
「ポイント」という日本語表現としても少しずつ定着してきている感がありますが、**「伝えたい一番大事なこと」「そもそもの目的」** などの意味で使われます。

内容　従業員 10 人ほどの会社の社長のインタビュー。「アメリカをひとつにしているものは何か」という質問に対する答えの冒頭部分。

［出典：Bruce Moyer — K/H Interview］

ヒント一語句リスト

to hold something together	（ばらばらにならないように）ひとつに保つ
divisive	人々を二分するような、不和を招くような
to be in support	賛成している、支持している
middle ground	妥協点、折衷案
whatsoever	いかなるものも
(how) in the world	いったいぜんたい（どうして）

ヒント一組み立て

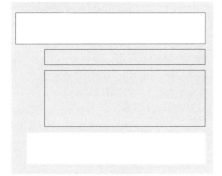

種類の違うサポートがふたつ来ますよ！まずは、サポートがふたつあることが何となく分かれば OK。種類の違うサポートにしっかり納得できれば、さらに素晴らしいですよ。

ストレート・トランスクリプト

I spent some time thinking about this, and there are times as an American you have to wonder "is anything being held together?" because some of the issues that we deal with are so divisive. A good example right now is the war in Iraq. It's largely supported. I think it's 70 percent, 65 to 70 percent in support of the war and the other 30 percent not in support, and there is no middle ground whatsoever. So, that's maybe an example of why I wonder how in the world people would view America as together.

実例 SAMPLE 6

> I spent some time thinking about this, and there are times as an American you have to wonder "is anything being held together?"
>
> > because some of the issues that we deal with are so divisive.
> >
> > A good example right now is the war in Iraq. It's largely supported. I think it's 70 percent, 65 to 70 percent in support of the war and the other 30 percent not in support, and there is no middle ground whatsoever.
>
> So,　that's maybe an example of why I wonder how in the world people would view America as together.

理解見本　これについては僕もしばらく考えたんですが、時に、アメリカ人としては「いったいひとつになっているものなんてあるのか？」と考えざるを得ないことがありますよ。というのも、僕たちが抱える問題のいくつかは、本当に妥協点のないものなんです。現在のいい例がイラクでの戦争です。概して、支持されてて、確か、70 パーセント…… 65 パーセントから 70 パーセントが戦争支持で、残りの 30 パーセントが不支持なんですね。それで妥協点というものがまったくないんですよ。ですから、それがおそらく、いったいぜんたいなぜ世界の人々はアメリカはひとつだなどと見るのか、僕が不思議に思う理由のよい例だと思います。

解説　「いったい 'ひとつだ' なんて言えるところがあるのかな、と疑問に思う」、つまり「バラバラかもしれない」というのが彼の結論です。理由は、「双方がまったく折り合えないような問題をいくつも抱えている」というのですね。日本と違って、国民の命、宗教的信念などにかかわって、妥協点、中立的立場、合意点があり得ないような派兵の問題や中絶の問題などを、アメリカはいくつも政策の問題として議論しています。そうした「国民をまっ二つに分け隔てるような問題でバラバラな状況」のよい例として、イラクの問題が挙げられています。

語句

there are times (as ～) [when] you have to wonder " ...?"
決まった言い回しで、「(～として) "…？" と疑問に思わざるを得ないときがある」というときの表現です。ここでの have to ... は、「…せざるを得ない」のニュアンスです。

largely
これは「ものすごく」といったニュアンスではありません。「割合として大きい」といった意味から、「だいたいにおいて」「ほとんどにおいて」「概して」「おおむね」といったニュアンスになります。

middle ground
意見の異なるグループの間で歩み寄って折り合いをつけられる「合意点」「妥協点」など。

実例 SAMPLE 7　ヒント

内容　在米日系企業のエグゼクティブ・マネジャーのインタビュー。優れたマネジャーに求められる力や仕事の仕方などについて質問したのに答えている部分からの抜粋。「部下を育成するためにマネジャーがやるべきこと」の何点目かで、「部下に仕事を任せなさい」というポイントを述べたところです。

〔出典：Sam Heltman ─ K/H Interview〕

ヒント─語句リスト

subordinate ………………… 部下
to delegate ………………… 仕事を任せる
decision-making authority … 意思決定の権限
implementation authority …… 実行する権限
to feel ownership of the job .. 仕事を自分のものとして感じる

ヒント─組み立て

種類の違うサポートがふたつ来ますよ！この話のコンテキストは「アドバイス」ですから、一所懸命、自分のアドバイスを受け入れてもらうべく、その利点をアピールしてきますよ。

ストレート・トランスクリプト

Next, you must delegate the job to a subordinate. You must delegate the entire job, not just pieces of it. You must also delegate your decision-making, negotiation and implementation authority. This is very important. When this is done correctly, you will succeed in making your subordinates feel ownership of the job they are doing, and believe me, they will do more for themselves than they will ever do for you.

実例 SAMPLE 7　🔊 68

> Next, you must delegate the job to a subordinate.

> You must delegate the entire job, not just pieces of it.
> You must also delegate your decision-making, negotiation and implementation authority.

> This is very important. When this is done correctly, you will succeed in making your subordinates feel ownership of the job they are doing, and believe me, they will do more for themselves than they will ever do for you.

理解見本 次に、部下に仕事を任せなければいけません。ひとつの仕事をまるごと任せなければ駄目です。仕事の部分、部分を与えるのではありません。また、意思決定、交渉、仕事の実行の権限も委譲しなければいけません。これは、非常に大切なことです。これを正しくやれば、部下に自分のやっている仕事を自分の仕事と感じてもらえます。いや、本当ですよ、そりゃ、自分のためという方が、他人のためよりも絶対頑張りますよ。

解説 マネジャーが部下の育成で次に行うべきこととして、「仕事を部下に任せなさい」というのがここからのトピックです。最初のサポートで、それを詳しく説明していますね。ここで、お馴染みの「○×」の説明の仕方で、「○×（〜。…ではなくてね）」と来ました。さて、ふたつ目のサポートが、重要性や利点で重み付けをして、自分の言ったことを「売る、アピールする、印象付ける」という英語らしいサポートでしたね。

語句

to delegate
「任せて渡す」というのがコアの意味合い。「仕事を任せる」「権限を委譲する」などの意味があり得ます。

ownership
コアの意味は「所有していること、その状態」で、「所有権」の意味でも使われます。しかしアメリカ文化では、もっと広い意味で「自分のものだという感覚」という意味で非常に大事なプラス概念としてよく登場します。市民が政治について、社員が自分たちの仕事について、前向きな参画意識が持てる望ましい状態を指して、「ownership を感じられている状態」と言うわけです。

the job they are doing
「the job（仕事）」だけで置いておいてくれた方が、よほど聞き取りがしやすいのですが、英語は本当に丁寧に (that) they are doing（彼らがやっているところの…）といった日本人なら言わなくても分かるような情報を言ってくれるのですね。そのために、この例のような 名詞＋[修飾節] のワンセットのかたまりが頻出します。聞き取りで慣れておきたいパターンです。

... , and believe me,

口語的な慣用表現で、「絶対だよ、本当だよ」といったニュアンスで強調するときに使います。

to do more for themselves than ...

直訳的な「自分のための方がより多くをやる」という意味から、**「自分のための方が頑張る」**といったニュアンスになります。

ロジカル
リスニング

PART 2
実践練習用付録

① 見本サンプルで感覚を強化

さて、次は＜挿入形＞の感覚をつけていきましょう。生の素材を使った実例サンプルでの練習に入る前に、こちらでつくった見本サンプルで少し慣れておきましょう。生の素材よりも、少し分かりやすいつくりで、発音やスピードの面でも聞きやすい練習素材になっていますので、これを聞き込んで、先に感覚を強化しておきましょう。

さて、＜挿入形＞で身につけたい感覚は、以下のふたつでした。

英語は、＜挿入＞で、聞き手の理解や納得をさらに助ける

＜挿入＞で脱線したら、but で必ず話の本線に戻る

何よりも、聞き取りポイントは、脱線（挿入）部分に移ったり、話の本線に戻ったりする「移行」を見抜いて、話の本線を見失わずに話を追うことでしたね。

それでは、＜挿入形＞で、こちらの疑問や反発を先取りして解消しながら説得してくれる感覚に慣れましょう。あまりにもシンプルな形では、もう面白くないでしょうから、少し変則的なところに挿入が入ってくる例も使ってみましょう。まずは、解説を読んでサンプルの英語と意味を確認してください。その上で、音声で、本線を常にしっかりと意識して、かつ、挿入との間で行ったり来たりしながら説得してくれる感覚を楽しみながら聞き込んでみてください。

見本 SAMPLE（1）　 70

Today, I would like to talk about the benefits of exercise.

今日は、運動することの利点についてお話したいと思います。

> And, I will be talking from my own personal experience.
>
> で、あくまでも私個人の経験からということでお話します。
>
> > I'm not an expert on this issue, and obviously, other people may have different views and experiences.
> >
> > というのも、私はこの分野の専門家でもないですし、言うまでもなく人によって、いろいろなご意見や体験があるでしょうから。

But I would like to share with you what I have gained from exercising regularly.

でもとにかく、今日は規則正しく運動することで、私が得たことを皆さんにお話できればと思います。

> Now, let me just explain what I do.
>
> まず、私が何をやっているかをちょっとご説明しておきますね。
>
> > My love is jogging. I jog four days a week for about an hour in the morning. I have made this a regular part of my life for the past three years.
> >
> > 私が夢中になっているのはジョギングです。週4日、朝にだいたい1時間ほど走っています。これを、過去3年間、自分の生活のきまりにしてきました。

And I feel I have benefited so much from it.

それで、それが本当に自分にとってプラスになったと感じているんです。

> I think it has changed me physically and also mentally. I think it's helped me improve the overall quality of life.
>
> おかげで、肉体的にも、そして精神的にも自分が変わったと思います。生活全体の質が上がったと思います。

さて、「規則正しく運動することの利点を話す」というのがトピックですね。これを話の本線として常に頭に置いて、決して見失ってはいけません。

最初の＜挿入＞は、話全体のコンテキストとして、「どういう人が、どういうベースで話すのか」という情報をくれていますね。スピーチなど、**ある程度まとまった話をするときのオープニングや、個人的な意見を述べるときによく入ってくる＜挿入＞**でしたね。スピーカーは、これで話全体のコンテキストを与えておいて、本線に戻りました。

さて、「規則正しく運動することの利点を話す」ということですが、このまま、具体的な利点を並べ始めてくれてもよいわけですが、利点を聞く上で、具体的にどういう運動をしてきたのかという**背景情報**がどうしても欲しくなりますよね。どういう運動をしてきた経験からの話なのかが分かっていた方が、「利点」の話ははるかにイメージが湧いて、説得力が感じられますね。

さて、そのあとでまた本線のトピックに戻り、話が始まりました。ここでスピーカーは I feel I have benefited so much from it. という表現をしていますが、この「プラスになった」という表現が、最初のトピックを別の言い方にしているだけで、結局は同じことを言っているのだという点に気づけることが重要です。本線を見失わないための重要なポイントです。

次の話は、benefit したと言ったステートメントに対して、そのまま benefit したことについて少し詳しい話が続いているだけですから、これはサポートだと分かりますね。詳しく説明してくれていると理解してもよいですし、「こんなにすごい benefit なんだ」と**重み付け**をまずすることで、これから話すことに対する**聞き手の興味を強めているサポート**という理解もできますね。

さて、この話の続きを見ながら、また、いくつかの＜挿入＞の例に慣れていきましょう。

見本 SAMPLE（2）　🔊 70

> Of course, it wasn't always easy for me.

もちろん、簡単ではなかったんですよ。

> Particularly in the beginning, I hated getting up early to do this strenuous exercise before work. It often made me extremely tired. It was hard!

特に最初のうちは、朝早く起きて、仕事の前にこのきつい運動をやるのが本当に嫌でした。よく、ものすごくしんどくなったりしましたから。大変でしたよ！

But I think after about six months, I really started to enjoy it and started to notice the benefits from it.

でも、6ヶ月した頃からでしょうか、本当に楽しめるようになってきて、プラスも見えてきたと思いますね。

> First, obviously, I noticed my overall health was improving.

まず、言うまでもなく、健康状態全般が改善している気がしました。

> I had more stamina and energy during the day. I also noticed I was less susceptible to catching colds.

日中、以前よりもスタミナとエネルギーがあるのと、前よりも風邪をひきにくくなったのに気づきました。

この＜挿入＞は分かりやすいですね。「運動することの利点について話す」と言われても、どう考えても「大変じゃない」「仕事に行く前に、しんどいよ、そんなの」と、誰しも、すぐに「逆側」「マイナス点」が頭に浮かんできますよね。その当然な発想に「確かに、そう。私も最初はそうだった」と理解と賛同を示して、その上で、やがて感じられるようになった「利点」に話を戻しているわけです。

そこからは、具体的に「利点」をひとつずつ挙げてくれるようですね。ひとつ目は「健康状態全般の改善」。詳しく説明するサポートがつきましたね。

さて、次の「利点」を見てみましょう。

And then, my relationship with my family got better.

それから、家族との関係がよくなったんですよ。

Now, I don't want you to think that I was having any real problem with my family members to begin with. It's not that.

ただ、誤解しないでください。もともと別に何か家族と問題があったとかじゃないですよ。そういうことじゃないんです。

It's just that it got so much better.

そうではなくて、とにかく、前よりもずっとよくなったんです。

What happened is: My teenage son joined me in my jogging. He saw me struggling in the beginning, and saw me sticking to it. And maybe he saw the pride building in me, and that inspired him. One day, he came to me and told me he wanted to run with me. Now, my jogging is also my special time with my son.

こういうことなんです。10代の息子が私とジョギングするようになったんです。私が最初のうち、とても苦労していて、それであきらめずに頑張っていたのを見てたんでしょうね。それで、もしかしたら、次第に私の中に自信が芽生えていくのを見て、何か心に響いたのかもしれませんね。ある日、私のところに来て、一緒に走るって言い出したんですよ。そんなことで今では、ジョギングは、息子との特別な時間でもあるんですよ。

「家族との関係がよくなった」というステートメントに対して、「え？」と思いますね。「何か問題があったのかな？」、そんな解釈をしてしまう人は当然いますね。そこで、自分の言っていることの意味合いを分かってもらえるように、まずは**誤解のないように**〈挿入〉を入れています。

あとは、いいですね。「家族との関係がよくなった」というのを、**具体的に説明**してくれています。

さて、長くなりましたが、いろいろな狙いで＜挿入＞が組み込まれながら、話が立体的に進んでいく感覚をつかんでいただけたでしょうか。ひとつひとつの＜挿入＞の効果を味わいながら、本線にしっかりと戻って本線の話がきちんと進んでいっているのを味わってください。音声には、今見てきた3つの部分がすべて一体になったものが入っていますから、全体を通して、大きな話の流れを味わいながら聞き込んで、感覚を強化していってください。

② 実例サンプルに挑戦

さあ、それでは生の素材を使った実例サンプルでの練習に入りましょう。

実例 SAMPLE 1　ヒント

内容 連邦 政府の安全衛生関連機関の仕事、ホテル経営者、地方自治体職員などを経験した米人女性のインタビューから。「理想の上司像」について尋ねたところです。

[出典：Elizabeth Stanford — K/H Interview]

ヒント―語句リスト

perspective	……………………	視点
be involved in ...	……………	…に関わっている、関係がある
valid	………………………	妥当、当たっている
by way of ...	…………………	…によって

ヒント―組み立て

新しいトピックで話し始める冒頭のところです。よく、この種の＜挿入＞が入ってくるんですね。

ストレート・トランスクリプト

You asked, what is my idea of an ideal boss. I can only answer from my own perspective, because I'm not involved in the American business community now. And each company has its own culture, so what might be valid for one company may not be valid for another. I think ideally, the boss or supervisor would help the employees to understand what this boss expects by way of communication between the two.

実例 SAMPLE 1 （🔊 71）

> You asked, what is my idea of an ideal boss.

> I can only answer from my own perspective, because I'm not involved in the American business community now. And each company has its own culture, so what might be valid for one company may not be valid for another.

> I think ideally, the boss or supervisor would help the employees to understand what this boss expects by way of communication between the two.

理解見本 ご質問は、「私の考える理想の上司とは」ですね。あくまでも私個人の視点ということでしかお答えできませんが。というのも、最近のアメリカのビジネス社会で仕事をしていませんから。それと、それぞれの会社にそれぞれの社風というのがあるので、ある会社に言えることも、ほかの会社には当てはまらないということもあると思いますから。私は、理想を言えば、上司や監督者というのは、部下が、この上司が何を求めているかを2人の間のコミュニケーションによって分かるようにしてあげるものだと思います。

解説 何かのトピックで自分の意見を求められたスピーカーが、冒頭でよく入れる＜挿入＞ですね。「ただし、あくまでも個人の意見として聞いてくださいよ」という前置きですね。

語句

perspective
「遠近画法」の意味で使われる通り、「どこかを基点として、そこから見えた像」ということです。そこから、ある人の「視点」「意見」「ものの見方」といった意味で広く使われます。

Each ～ has its own ..., and what may be valid for one ～ may not be valid for another —.
この文全体で、「人それぞれだから、皆に当てはまるとは限らない」と言うときの決まった言い回しです。valid の変わりに true もよく使われます。

what the boss expects
これ全体で「ボスが求めること」という名詞のかたまりです。英語の to expect は、「…だといいな」というやわらかい「期待」ではなく、「そのつもりでいるよ、その予定でいるよ」という「当然の期待」を意味します。

実例 SAMPLE 2　ヒント

内容　在米日系企業のエグゼクティブ・マネジャーのインタビューから抜粋。「アメリカの職場で社員にやる気を感じてもらうために重要なポイントは何か」と尋ねた質問に対する答えの冒頭です。　　　　　　　[出典：Sam Heltman — K/H Interview]

ヒント―語句リスト

to motivate ………………………… やる気にさせる、動機付けする

to be present ………………… 存在する

input ……………………………… 意見、または意見すること

to participate ………………… 参加する

to encourage ………………… 促す、…する気にさせる

ヒント―組み立て

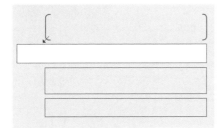

最初のところがメインポイントかと思ったら…あれっ？

ストレート・トランスクリプト

There's a lot of things that are required to motivate any worker, and I think all of them have to be present to a certain degree. But I think probably the biggest one and the one I'd like to start with is; an opportunity to have input into the things that affect them: an opportunity to have input into how their job is done, an opportunity to have someone listen to them when they have a better idea. If they are given an opportunity to participate, it encourages people to participate.

実例 SAMPLE 2 🎧 72

> There's a lot of things that are required to motivate any worker, and I think all of them have to be present to a certain degree.

But I think probably the biggest one and the one I'd like to start with is; an opportunity to have input into the things that affect them:

> an opportunity to have input into how their job is done, an opportunity to have someone listen to them when they have a better idea.

> If they are given an opportunity to participate, it encourages people to participate.

理解見本 従業員のやる気を引き出すのに必要なものには、いろいろなものがあります。しかも、それらすべてがある程度揃っていないとだめだと思います。が、その中でも特に一番大きなもので、まず私が最初に挙げたいのが、従業員が自分たちに影響のあることに関して発言できる機会です。つまり、自分たちの仕事のやり方について意見が言える機会、よりよい考えがあるときに誰かに聞いてもらえる機会があるということです。参加する機会が与えられれば、彼らも参加しようと気になるのです。

解説 「従業員のやる気を引き出すのに何が必要か」という質問に対して、最初の部分が彼の答えとも取れますね。でも、but が来ます。ここからが、彼のトピックです。ここで彼の話の本筋が始まったことがわかります。そこまでは、話の前提を言ってくれたと理解してもよいですし、あるいは、「確かに、ひとつだけじゃないですよ、でも…」と逆接で来ていると理解してもよいですね。いずれにしても、but 以降が彼の話のポイントです。結論は「自分に関わることについて意見を言えること」ということですね。それを詳しく説明したサポートと、その利点を売るサポートがそのあとに来ていますね。

語句

the one I would like to start with is ...
「(何かを) 挙げてください」という質問に対して、「まずひとつめは…」と始めるときの決まった表現です。one は、このサンプルでは、a lot of things that are required to motivate any worker のひとつを指しています。

to have input into the things that affect them
input は辞書になかなか出ていないのですが、人が何かのために出す「**意見や情報**」で、非常によく使われます。ここでは、「意見を言うこと、その機会」「発言権」といったニュアンスで使われているようです。

実例 SAMPLE 3　ヒント

内容　連邦政府の安全衛生関連機関の仕事、ホテル経営者、地方自治体職員などを経験した米人女性のインタビューから。「アメリカをひとつにまとめている価値観」について尋ねた質問に対する答えのふたつめです。

[出典：Elizabeth Stanford — K/H Interview]

ヒント―語句リスト

intellectual freedom	思想の自由
intellectual stimulation	知的刺激
benefit	恩恵、プラス
to demonstrate	デモをする

ヒント―組み立て

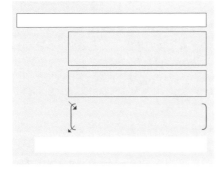

<基本形>で素直に説得が終わるのかなと思ったら…… あれっ？

ストレート・トランスクリプト

And then there's intellectual freedom, because as you know, we can talk very freely in this country of how we feel about most anything. And even our Internet conversations are not monitored as they are in some countries. So, there is a great potential for intellectual stimulation, for — what's the word I want? — the benefit that comes from sharing and exchanging ideas freely. Yes, we often disagree with one another, and we certainly have people who are demonstrating right now, who are not happy, but that to me ... that is what holds America together.

実例 SAMPLE 3 73

And then there's intellectual freedom,

> because as you know, we can talk very freely in this country
> of how we feel about most anything. And even our Internet
> conversations are not monitored as they are in some
> countries.

> So, there is a great potential for intellectual stimulation, for —
> what's the word I want? — the benefit that comes from
> sharing and exchanging ideas freely.

> Yes, we often disagree with one another, and we certainly
> have people who are demonstrating right now, who are not
> happy,

but that to me ... that is what holds America together.

- -

理解見本 それから、思想の自由がありますね。というのも、ご存知の通り、この国ではほとんど何についてでも自分の感じ方について自由に話せますから。インターネットでのやりとりですら、他の一部の国でのようにモニターされたりしていませんからね。ですから、知的刺激の面で非常に大きな可能性がある。つまり、うまく言葉が浮かびませんが、意見を自由に共有してやりとりすることからくるプラスという面で、非常に大きな可能性を持っているんですね。そう、もちろん、しょっちゅう意見がぶつかります。確かに現在もデモをしている、不満を抱えている人たちがいます。でも、私としては、それがアメリカをひとつにまとめているものだと思います。

- -

解説 「(アメリカをまとめているもののとして) 思想の自由もある」というのがメインポイントです。そう言える理由がまず説明され、その次に、そのことの利点がアピールされました。これで<基本形>の素直な形で終わるのかなと思うと、Yes, ... と来ます。これは、旗印表現の可能性がありますね ... 聞いていると、やはり「アメリカをまとめている'思想の自由'」という論旨から言うと逆になる内容 (人々を分裂させている側面) のようです。やはり<挿入>でしたね、その証拠に but で本線に戻りました。思想の自由のもつ逆の側面に気づいていないわけではないということを示したのですね。

- -

語句

And then, ...

日本語の「それから」と同じように、時系列として「そのあとで」という意味にも使えると同時に、ここでのように、**「もうひとつ」**という意味でも使われます。そのため、よく「First（1点目）、Second（2点目）、...」と話を進めるときに、数字の代わりにこの表現が使われることがよくあります。

the benefit that comes from...

「…**することから生じるプラス**」と言いたいときの決まった言い方です。

実例 SAMPLE 4　ヒント

内容　英国大手IT企業会長のインタビューより。苦境に立っていた会社の社長に取締役から就任し、経営陣の刷新、事業再編、組織再編などの思い切った策により短期で会社を立て直した実績をもつ方。不採算部門を抱えていた会社の事業再編をした経験なども含めて、事業を成功させるのに必要なトップの資質などについて語っている。

[出典：Richard Christou — K/H Interview]

ヒント―語句リスト

Chief Executives　…………………　CEO (chief executive officer)、企業の最高執行責任者
this business of ...　……………　自分が意見がある点、問題だと感じている点など

ヒント―組み立て

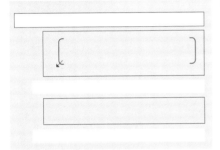

サポートの中ですが、自分が言いたいポイントが誤解されないように、挿入が入りますよ。

ストレート・トランスクリプト

My personal view is that many Chief Executives are not objective. This is part of this business of the executives who's got ... has a dream. Sometimes a dream is a good thing, because if you never have a dream, you know, you never progress. So I'm not saying dreams are bad things, but dreams that you can't implement or that you don't know how to implement are of no good to anybody. So I think you do have to stand on the ground. And if you are going to have a purpose going forward, then you have to work out how you can do it. It's no good having the purpose without the foundation. So I do think that's terribly important.

My personal view is that many Chief Executives are not objective.

> This is part of this business of the executives who's got ... has a dream.
>
> > Sometimes a dream is a good thing,
> > > because if you never have a dream, you know, you never progress.
> >
> > So I'm not saying dreams are bad things,
>
> **but** dreams that you can't implement or that you don't know how to implement are of no good to anybody.

So, I think you do have to stand on the ground.

> And if you are going to have a purpose going forward, then you have to work out how you can do it. It's no good having the purpose without the foundation.

So, I do think that's terribly important.

理解見本 個人的には、多くの CEO が客観的でないと思うんですね。これは、夢のあるエグゼクティブの方たちで気になることのひとつですね。時によっては夢というのはよいものです。というのも、夢がまったくなければ、まあ、進歩はないですから。ですから、夢が悪いことだと言っているのではありません。でも、実行できない夢や、どう実行してよいかが分からない夢は、誰のためにもなりません。ですから、絶対に地に足をつけていなければいけないと思います。で、前に向かって進む上で目的をもとうというのであれば、ならば、それを実現できる方法を考え出さねばなりません。目的をもっていても土台がなければ意味がありません。ということで、それはとても大事なことだと思います。

． ．

解説 ここでのポイントは「企業のトップは、客観的に現実を見ないとマイナスだ」ということですね。ひとつめのサポートで、「特に夢のあるトップに関して、よくこの点が気になるのだ」という詳しい説明が来ていますね。ただ、「夢をもつこと自体を否定している」という誤解になってはいけないので、まず＜挿入＞が入っています。あとは、先ほどの自分のポイントを説得しています。夢があっても、客観的に、冷静に現実を見ることをしないと、「実現で

きない夢、砂上の楼閣、絵に描いたもちになってしまう」ということですね。あとは、先ほどの自分のポイントを説得するために、もうひとつのサポートとして、前進するための目的（方向、目標）になる「意味のある夢」であるためには、ちゃんと土台がなければならない。つまり、客観的に冷静に現実を見ることで、夢を実現できるための HOW を見つけなければならない、ということを言っているのですね。そういう意味で、彼は現実を客観的に見る力というのが企業のトップには非常に重要で不可欠であると言っているわけです。

語句

If you are going to ...
現在進行形のひとつのニュアンスで、「…**するつもりなら、…するつもりがあるなら**」という感じの響きです。

... is of no good to anybody
慣用的な表現で、否定形で使われるのが一般的です。「誰にとっても、よさ、価値、有用性をもたない」といった意味で、「**誰にも役に立たない、プラスにならない**」ということです。**good** のところが **use**（有用性）になって使われることも多いです。

to stand on the ground
the ground は、「**現実、現場**」の意味で、「現実、現場に身を置かねばならない」ということから、「**現実を見て、地に足をつけている**」という意味合いでも使われます。

内容 英国大手ＩＴ企業会長のインタビューより。ここでは、従業員の動機付けの話の中で、自社で導入して非常に成功している一種のプロフィットシェアリング制度の話から、プロフィットシェアリングというものについての自分の考え方を述べている。

[出典：Richard Christou ― K/H Interview]

ヒント―語句リスト

profit sharing ····················· 収益分配金制度、個人ではなく組織の業績に連動した賞与

incentive ·························· 奨励給など、成果に直接連動させることで動機付けを狙いとする賞与

to work ···························· 機能する、うまく働く

ヒント―組み立て

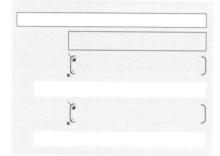

非常に微妙な違いについて、区別しようとして話しています。プロフィットシェアリングについてのスピーカーのメインポイントを見失わずに、スピーカーがとても重要な違いだと感じて区別したがっていることを丁寧に聞いてみてください。

ストレート・トランスクリプト

I personally don't think of profit sharing as an incentive. I don't believe that in general employees work better because they think, "If I work harder I'll get ... I'll make more money, I'll share a profit." I don't think it works like that. What I think works is, when you say to them, "You've worked very hard, thank you very much. I appreciate it. Here is something for your hard work." Now, that may make them ... It makes their morale better, makes them feel appreciated, because people like you to say thank you. And then they work harder because they appreciate it. But it isn't simply saying, you know, "I'll work more so I can take home a bigger bonus." I don't think that necessarily works. It does work with executives who have very large bonuses, but I think that's a different mentality and a different way of working. But I don't think for most employees that that works in that way personally.

実例 SAMPLE 5 　75

I personally don't think of profit sharing as an incentive.

I don't believe that in general employees work better because they think, "If I work harder I'll get ... I'll make more money, I'll share a profit." I don't think it works like that.

What I think works is, when you say to them, "You've worked very hard, thank you very much. I appreciate it. Here is something for your hard work." Now, that may make them ... It makes their morale better, makes them feel appreciated, because people like you to say thank you. And then they work harder because they appreciate it.

But it isn't simply saying, you know, "I'll work more so I can take home a bigger bonus." I don't think that necessarily works.

It does work with executives who have very large bonuses, but I think that's a different mentality and a different way of working.

But I don't think for most employees that that works in that way personally.

理解見本　個人的には、プロフィットシェアリングをインセンティブとは考えていません。私は、一般的に従業員が「頑張ったら、もっとお金がもらえる、収益の分配を受けられる」と思って、よりよく働くとは思わないですね。そういうものじゃないと思います。私が思うに、うまくいくのは、彼らに「頑張ってくれて、ありがとう。感謝しています。これは頑張ってくれたお礼です」ということを伝える場合だと思います。士気が上がり、感謝されているという感覚が持ってもらえるんだと思います。人は「ありがとう」を言ってもらいたいものですから。そうすると、それをありがたく思ってくれて頑張ってくれるんだと思います。でも、それは単に「もっとたくさんボーナスをもらえるから、もっと頑張ろう」というのとは違います。それは必ずしもうまくいくとは思いませんね。確かに、ボーナスの額が非常に大きいエグゼクティブの場合にはうまくいきますが、あれはまたちょっと別の意識で、別の働き方なんです。とにかく、ほとんどの従業員の場合は、個人的には、プロフィットシェアリングはそういう形で機能するんじゃないと思いますね。

解説 ここで何よりもスピーカーが言いたいのは、最初の結論部分です。「プロフィットシェアリングをインセンティブとして考えていない」ということです。'インセンティブ'の意味をよく知らないと、これだけではポイントが分かりにくいですね。でも、その場合でも論旨をしっかりと追うことで、正しい理解ができるチャンスが高くなります。まず、**メインポイントの直後に、詳しく説明してくれる可能性が高い**ですから待つと、来ましたね。ここで大きなヒントが得られます。ここの部分から、「社員は、お金がもっともらえる、収益の分け前をもらえると考えるから頑張るんじゃない」、つまり、プロフィットシェアリングは「**成果と賞与（お金）をリンクさせることでやる気を刺激する奨励給（インセンティブ）**」としてよい結果を生んでいるんではない、と言いたいんですね。

さて、この部分で I don't think it works like that.（そういう風な仕組みとは思わない）と言っていたのが、**次の文ではほぼ同じ文の肯定形（I think）が来ます。**ここで、挿入で「反対側」に移ったことが読めます。この挿入の方で、スピーカーは「では、プロフィットシェアリングがどういう意味でよい結果を生むのか」の方を話します。「感謝されていることを感じてくれて、その結果として頑張ってくれるんだと思うけど」と説明して、**but** でもとの本線に戻り、再度「でも、お金のために頑張ろうということでよい結果を生んでるんじゃないと思う」というポイントを繰り返しています。

次にまた挿入に脱線して、「確かにお金が大きな理由で頑張る人たちもいるけど、あれはちょっと別だ」と、誤解を生まないようにするための説明（clarification）をしていますね。そして本線に戻って、またポイントを繰り返します。

彼は、プロフィットシェアリングの制度が、「なぜ、どういう仕組みで、よい結果につながるのか」にこだわっているわけです。「社員がお金を欲しいから」なのか、「感謝されていると感じるから」なのか、うまくいく原因をどう考えるか、このふたつの考え方の違いを彼は重要視して、「お金のためではない」ということを何よりも言いたいのが、この話の流れです。確かに、この考え方が違えば、同じ制度でも、社員への説明や実施の仕方が変わってきますよね。結果としての社風なども違ってくるかもしれませんね。聞き取りとしては、彼のメインポイント（＝本線）をしっかり頭に置いておかないと、最後の文の that way などが何のことだか見えにくくなりますね。

．．

語句

I don't think it works like that.
to work は、「機能する」という意味で使われて、「それは、そういうふうに機能すると思わない」というのが直訳です。この it は「プロフィットシェアリングの制度」を指しているとも、漠然と「状況、物事」という意味で使われているともとれます。いずれにしても、結果的には「'お金が欲しいから

頑張る'という仕組みじゃないと思う」という意味になりますね。

It isn't simply saying, ...
この it は、漠然と「状況、今話題にしているポイント」を指す用法で、「…ということではない」といった感じで理解するとぴったりです。

実例 SAMPLE6　ヒント

内容　日系企業の人事部門で働くジェネラル・マネジャーのインタビュー。「米国に来る日本人駐在員がまずやるべきことは何か」とアドバイスを求めた質問に対する回答。
［出典：John Baylis ― K/H Interview］

ヒント―語句リスト

to prove oneself	....	自己証明する
invisible wall	....	目に見えない壁
effective	....	効果的、力を発揮できる
to get involved	....	関わる、関わりをもつ

ヒント―組み立て

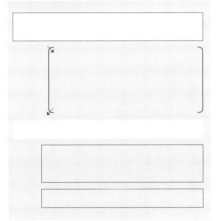

「どうすればよいか」のアドバイスを聞く前に、「現状」が分かっていた方がいいですよねぇ……

ストレート・トランスクリプト

The first question that I had considered was: What does a Japan staff need to do and consider when they're coming here to a ... to a company here in the United States? And I look at our own model here. What typically happens is; in the beginning, because they don't know anybody or they don't know the America staff so well, they work very hard. They work extra long hours to prove themselves. And frankly, they make themselves tired and maybe they make an invisible wall with the American staff because they don't understand this person. What would make them more effective when they come in is: Just get involved and learn. And learn about the American staff themselves; about their job, about their personal life and what they like to do. Find out if they have family and children, a wife, a husband. What are their hobbies? And share that equally. "Oh, here's what I like to do." Become friendly enough, so that the level of trust is gained. That's the key: having trust and credibility.

実例 SAMPLE 6 76

The first question that I had considered was: What does a Japan staff need to do and consider when they're coming here to a ... to a company here in the United States?

> And I look at our own model here.
> What typically happens is; in the beginning, because they don't know anybody or they don't know the America staff so well, they work very hard. They work extra long hours to prove themselves. And frankly, they make themselves tired and maybe they make an invisible wall with the American staff because they don't understand this person.

What would make them more effective when they come in is: Just get involved and learn.

> And learn about the American staff themselves; about their job, about their personal life and what they like to do. Find out if they have family and children, a wife, a husband. What are their hobbies? And share that equally. "Oh, here's what I like to do."

> Become friendly enough, so that the level of trust is gained. That's the key: having trust and credibility.

理解見本 最初に考えたご質問が、「米国の企業に来る際に、日本人スタッフの方が何をすべきで、何を考えるべきか」というご質問です。で、ウチの会社のパターンを見ますね。そうすると、だいたいいつも典型的にどういうことが起こるかと言うと、最初のうち、日本からいらした方は誰も知らないか、アメリカ人スタッフをあまりよく知らないために、ものすごく頑張って働くんですよ。すごく残業して自分を証明しようとする。それで、正直申し上げると、彼らは疲れ果てて、アメリカ人スタッフとの間に目に見えない壁を作ってしまったりするんですね。というのも、アメリカ人スタッフにしてみるとこの人のことが分からないですからね。日本の方がもっと上手く力を発揮できるやり方は、こちらにいらしたときにですが、まずとにかく、関わっていって、いろいろなことを知ろうとしてください。で、アメリカ人スタッフ自身のことを知ろうとしてください。彼らの仕事について、私生活について、何をするのが好きなのか。家族がいるのか聞いてみてください、お子さんや、奥さん、ご主人がいるのか。趣味は何でしょう。そして、それを同じように自分からも教えてあげてください。「あ、私がやるのが好きなのはこれなんですよ」という具合に。ちゃんと親しくなってください、

そうすれば信頼感のレベルが上がってきます。これがカギですから、信頼感と信用を築くというのがカギですから。

....

解説 「どうした方がいいですよ」というアドバイスを教えてもらうのはよいのですが、事情に詳しくない人間としては、「現状（の問題）」が分かりません。それが分からないと、アドバイスの内容や重要性も本当のところ分からないですよね。ですから、「現状がどうなのか」というのは、アドバイスの内容からは外れますが、理解に不可欠な情報ですね。そのため、アドバイスに入る前に、この背景情報をくれています。そのベースの上でアドバイスが述べられて、アドバイスの詳しいポイントと、その利点・重要性が強調されています。

....

語句

model
model のコアの意味は「あるものの特徴や理想を具体的な形に表したもの」ですが、ここでは、「理想（見本）」の方の意味でのモデルではないのは明らかですよね。自分が見てとった駐在員の米国に来てからの**変遷や課題**などの特徴的、典型的なものをモデルと表現しています。

What typically happens is ... :
「普通どういうことになるかというと…」と言いたいときの決まった言い方です。文としては、ここで言い捨てた感じで、あとは新しい文で安心して話を始めれば大丈夫です（日本語もまったく同じ感じで使われますね）。

to get involved
「関わる」というのが意味で、そこから「**無関心でいないで**」「**自分は関係ないと距離をおかずに**」といったニュアンスも加わった使い方がよくされます。

to find out
直訳すると「探し出す」という意味ですが、「**聞いたり調べたりするなどの何らかのプロセスによって情報を入手する**」という意味で、普通に「**聞き出す**」「**調べる**」といった意味で使われます。

to share
もともとの意味は「人と何かを分け合う、共有する」という意味ですが、そこから、「**情報が皆に渡っている状態、共有されている状態にする**」という意味で、普通に「**話す**」「**教えてあげる**」といった意味で使われます。

trust/credibility
どちらも「信用」と訳すことができるので混乱しがちですが、相手に対する trust や credibility と言う場合、**trust** は未来を見ていて（したがって、「**信頼**」の方が近い）、credibility は過去を見ています（過去の裏付けがあるという意味での「**信用**」）。

実例 SAMPLE 7　ヒント

内容 日系企業の人事部門で働くジェネラル・マネジャーのインタビュー。米国社会、そして米国の職場でカギとなる「多様性」の重要性について語っている部分です。

[出典：John Baylis — K/H Interview]

ヒント―語句リスト

to embrace	積極的に受け入れる
diversity	多様性
the idea is ...	趣旨は、考え方は…
kind of like ...	…みたいな
intent	意図、意志
to recognize	認めて受け入れる
a piece	ひとつのまとまり

ヒント―組み立て

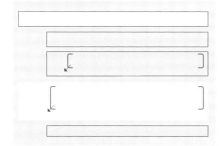

まずサポートで、「×○（こうではなくて、こう）」という説明が登場しますよ。「×○」でひとつのセットだ、という感覚を味わってくださいね。最後にポイントをもう一度まとめるところでも、まさに「×○」で言おうとしたことを、別の言い方でまとめていますよ。

ストレート・トランスクリプト

So, we talk about hiring people. We want to embrace diversity. That means we want to welcome differences. Please welcome the differences. And the idea is not to change everybody to be kind of like robot and think the same way, but the idea is to really get everybody going in the same direction with the same intent. So, we have to recognize the people that make up the company and recognize that everybody has different needs, they have a different way of thinking, to respect that, but be able to bring it to a conclusion, or come to some final piece. That's the key.

実例 SAMPLE 7

> So, we talk about hiring people, we want to embrace diversity.

>> That means we want to welcome differences. Please welcome the differences.

>>> And the idea is not to change everybody to be kind of like robot and think the same way,
>>> **but** the idea is to really get everybody going in the same direction with the same intent.

So, we have to recognize the people that make up the company and recognize that everybody has different needs, they have a different way of thinking, to respect that,
but be able to bring it to a conclusion, or come to some final piece.

>> That's the key.

理解見本 採用の話ですね。ぜひ、「多様性」を大切にしてください。つまり、「違い」というものを歓迎するということです。ぜひ、「違い」を歓迎してください。しかも、ここでの考え方は、人々を変えてロボットのようにして、皆が同じように考えるようにすることではありません。そうではなくて、要は、皆を、同じ方向に向かって同じ意図で進むようにもっていくということです。ですから、会社を構成している人々を認め、人々がさまざまなニーズをもって、さまざまな考え方をもっているということを認めて、それを尊重する。でも、それをひとつの結論、ひとつのなんらかの「まとまり」にもっていけるようにしなければいけない、ということです。これがカギです。

· ·

解説 採用において「**多様性を大切にせよ（＝人種、背景、考え方などの異なる、いろいろな人がいることをプラスとせよ）**」というのが結論です。ここでの行ったり来たりのポイントは、会社が「多様性を受け入れる」場合に、これを短絡的に「皆が同じようになって、同じ考え方をするように会社がもっていけばいいんだ」ということであると思ってはいけないと言っているのです。そうではなくて、「（会社が皆の考え方を変えるのではなく、皆の考え方の違いを尊重したまま）皆が同じ方向、同じ目標に向かって進むように会社がもっていく」ということなのだと言っているわけです。つまり、＜挿入＞部分は、「まあね。入ってから皆が同じようになって、同じような考え方をするように会社がもっていくしかないな」と思い込んでいる人に対して、「いい？そうじゃないからね！」と言っている部分なわけです。「**会社が多様性を**

受け入れる＝皆の違いを尊重しつつ、方向性、目標をそろえる、ってことですよ」と言っているわけです。

語句

diversity

これは、**アメリカの文化のコアにある価値観**です。人種、宗教、性別、その他、いろいろな面で多様な人々を抱えることをプラスとする価値観です。現実には簡単ではなく、いろいろな課題、衝突、差別が存在するわけですが、アメリカでは多様性を「プラスと見る」という価値観を選択しようとする強い意志があります。

The idea is to ...

the ideaは「**根本にある考え方（目的、狙い、趣旨）**」といった感覚で、非常に活躍する表現です。職場で、何かを提案する際にその狙いを強調したり、何らかのアクションをとる際に皆の理解の方向性を確認したりする場面などでよく使われます。特に、この例にあるような肯定形と否定形を使った「×○」の説明で聞き手の理解をクリアにする場面で非常に活躍します。

PART 2
実践練習用付録

❶ 見本サンプルで感覚を強化

さて、次は＜フィードバック形＞の感覚をつけていきましょう。生の素材を使った実例サンプルでの練習に入る前に、こちらでつくった見本サンプルで少し慣れておきましょう。生の素材よりも、少し分かりやすいつくりで、発音やスピードの面でも聞きやすい練習素材になっていますので、これを聞き込んで、先に感覚を強化しておきましょう。

さて、＜フィードバック形＞で身につけたい感覚は、以下のふたつでした。

英語は、必ず「全体像」が伝わるフェアーなフィードバックの仕方をする

フィードバックでは、まずプラス側を具体的に述べてからマイナス側に

聞き手の心理に配慮する必要がある内容の場合、聞き手の側のプラスを言ったり、聞き手の側の意見や立場に理解や賛同などを示してから話を進める遠回りな手順が、英語文化では話し手の「誠意」「礼儀」「フェアーさ」のひとつのあらわれと感じるということでしたね。その点を頭に置いて、スピーカーのトーンとメッセージを味わってください。

それでは、＜フィードバック形＞に慣れていきましょう。この形の特徴は、「聞き手の心理に対する配慮」でした。一方的にスピーカーが話しているのではイメージが湧きにくいかもしれませんから、見本サンプルの方はダイアローグで感覚をつかんでもらいましょう。まずは、解説を読んでサンプルの英語と意味を確認してください。その上で、音声で、相手の心理に配慮しつつ、自分のメッセージをしっかりと伝えて相手を説得しようとする話の流れを楽しみながら聞き込んでみてください。

設定は、上司のクリスと部下のスコットの間のやりとりです。スコットは「スタッフ全員参加の４日間のリトリート・ミーティング（＊日常の業務を離れて社外で泊り込みで行うミーテ

ィング)」の実施を提案しています。提案書にサッと目を通した上司のクリスのフィード
バックから話が始まります。

見本 SAMPLE（1）　🔊 79

Chris

> **Scott, as a whole, this is a very strong plan.**
> スコット、全体としては、とても説得力のあるプランだと思うよ。
>
>> A retreat meeting like this will definitely motivate
>> our staff. And more important, I agree that it would
>> be a great opportunity to reinforce the direction of
>> our team and to share and resolve any concerns
>> they may have. I also agree that these things are
>> often done much more effectively off-site without
>> the distraction of day-to-day operations.
>
> こういうリトリート・ミーティングは絶対にスタッフのやる気を高めるよ
> ね。それ以上に重要なのは、チームの方向性を確認・強化して、皆が気にな
> っていることがあれば、それを話し合って解決するのに大変いい機会にな
> るという君の主張で、これも分かる。で、確かに、こういうことは、日常業
> 務に邪魔されないオフサイトでやる方がずっと効果が高いというのも同感。
>
> So, **I do see the benefits of such a retreat meeting.**
> だから、こういうリトリート・ミーティングの利点は確かに分かる。

However **I'm surprised that you're suggesting four days for the event.**
ただね、4日間を提案しているのは、ちょっと驚いたんだけど。

> **To be honest, that really seems excessive.**
> **I'm not sure we can afford everyone being away from**
> **the office for that long.**
>
> 正直、すごく贅沢な気がするけどなぁ。だいたい、全員がそんなに長いこと、
> オフィスを空けられるかどうか。

ここまでは典型的なフィードバックの形ですね。最初から自分の懸念に突入せずに、相手
の案の利点を、ある程度具体的に述べて全体像を相手に与えてその上で、自分の懸念を述
べて、その理由も簡単に述べています。さて、部下のスコットの返答を見てみましょう。

見本 SAMPLE（2）　79

Scott

> I realize that four days sounds like a lot.
>
> 4日っていうのがすごく長く感じられるのはよく分かっています。
>
> And I know we need a lot of coordination and planning to be able to have everyone away from office for that long.
>
> 確かに、全員がそんなに長くオフィスを空けるには、相当、調整や計画をして当たる必要があるのは認識しています。

But
> I believe it is possible.
>
> でも、可能だと思うんですよ。
>
> I thought we could include a weekend in the four days, and have everyone take two-day compensatory leave in turns. I checked with HR, and I was told that that can be done.
>
> 4日間の中に週末を入れるのはどうかと思ったんです。それで、2日間の代休をみなに交代でとってもらうんです。人事にも問い合わせたんですが、それは可能だって言ってました。
>
> I also went ahead and sounded out my idea with some of our staff members to see how they feel about an event over a weekend. Everyone I talked to said they are OK with it, as long as it's a once-a-year thing.
>
> それと、勝手ながら僕の意見をスタッフの何名かにぶつけてみたんですよ、週末にかけたイベントっていうのをどう思うか知りたくて。話した人は全員、年に一度なら構わないって言っていました。

ここでは、上司の懸念にまず理解を示していますね。加えて、実際、それについてさらに具体的に懸念となるポイントを述べることで、自分でもそれをよく認識した上で自分の意見を主張しているということが伝わるやり取りにしています。キャッチボールが始まりますよ。

それでは、上司のクリスの返答を見てみましょう。

見本 SAMPLE（3）　🔊79

Chris

I see.

なるほど。

Obviously, you've carefully looked into this matter. And it's good that you've already done some research to back up your idea.

明らかに、この件についてしっかり検討したようですね。すでに君の
アイディアに必要な下調べもある程度やってあるのもいいし。

So, | let's say that that kind of arrangement is possible, and the people are willing to participate in an event that includes a weekend. |
| --- |

そういうことだから、まず、仮にそういうアレンジができて、皆も週末
の入るイベントに喜んで参加してくれるとしましょう。

I'm still not totally convinced that we need four days, Scott.

それでも私は、まだ、本当に4日間も必要なのか疑問に思うんだよね、スコット。

I wonder if the benefits truly justify the cost and the time. You know, it's a lot to spare for a small organization like ours.

本当に、これで得られるプラスは、コストと時間に見合うのかが、ちょっとね。だって
ねえ、うちのように小さい組織としては、かなりの負担だから。

上司のクリスの側も、スコットの言い分とその背景にある努力に対して理解と評価をして、一度相手のボールを受けるステップを踏んできます。そして、スコットの主張の前提を仮に受け入れて、その上でもやはり残る懸念について述べることで、ボールを返して話を進めています。

それでは、スコットの返答です。

Scott

I understand your concern.

ご懸念はよく分かります。

I know this isn't something that's commonly done.

一般によく行われていることでないこともよく分かっています。

And I do realize the cost we'd incur. As you can see, I included my estimate of the total cost, which I realize isn't small.

それと、どれだけコストがかかるかも認識しています。ご覧のように、一応、コスト総額の見積もりを入れておきました。で、ばかにならないコストだということも、よく分かっています。

But **I strongly feel that the benefits will outweigh the cost.**

でも、僕は絶対にコストよりも大きなプラスが得られると思うんですよ。

I think this company has very enthusiastic and devoted employees, Chris. And the more information and know-how we share with them, and the more opportunity we give them to share in the overall decision-making process, the more motivated and effective they'll be.

クリスさん、僕たちの会社は本当に情熱のある、やる気に満ちた社員を抱えていると思います。で、こういう社員に情報やノウハウを提供して、全般的な意思決定に関わる機会を与えれば与えるほど、彼らはもっとやる気をもって、力を発揮できるようになります。

And it's really essential that we have four days for the retreat to do that, because those kinds of discussions take time. And we don't want to rush through things and end up with a half-hearted effort.

それで、それをやるためにはリトリートに4日とるのは必須なんです。なぜかと言うと、そういう議論っていうのは時間がかかるんです。で、急いでやって、結果として中途半端な取り組みになってしまう、というのは避けたいじゃないですか。

> **So,** can we take a chance and do this maybe on a trial-basis for this year?
>
> ですから、リスクをとって、今年は試験的にということでも結構ですから、やらせていただけませんか。

> I really think it would work, and the results would be amazing.
>
> 絶対にうまくいくと思うし、すごくいい結果が出ると思うんです。

上司のクリスの言い分をまた受けてから始めていますね。その際も、「確かにコストは……」とストレートに行く前に、一度 **I understand your concern.** というまとめ表現をまず置いてから、具体的なポイントについて同意点を述べています。こうしたまとめ言葉が置けると、相手の安心感を高めることができます。

自分の意見を主張する側に移ってからは、最初のサポートでリトリート・ミーティングのプラスを強調すると同時に、その利点の内容（利点の大きさ、重要性）をまず明確にしていますね。そしてふたつ目のサポートでは、狙う利点がそういう内容のことであるからこそ4日間必要なのである、と主張して、「4日間必要である（コストはこれだけかける必要がある）」点を強調しています。

最後に、もう一度、実現に向けての了解を得て交渉を締めるべく、自分の案のアピールをしています。後ろに、英語のコミュニケーションらしく、自分の信念の強さを簡単にアピールするサポートをつけています。

さて、長くなりましたが、指摘をするなど、相手にとってマイナスのコメントをする際に「プラスの前置き」をしておく＜フィードバック形＞と、議論などの場面で、相手の発言に対する理解を示してから自論を返す「説得のためのキャッチボール」としての＜フィードバック形＞——この両方の例を織り込んだサンプルを見ていただきました。

「相手にフェアーであろう」、「相手の意見の理のある点は認めよう」といった相手に対する配慮を入れながらも、自分の意見を主張する本筋にしっかりと戻って自分の意見をサポートして相手を説得する。この行ったり来たりの感覚、キャッチボールの感覚をぜひ味わってください。音声には、今見てきた4つの部分がすべて一体になったものが入っていますから、全体を通して、大きな話の流れを味わいながら聞き込んで、感覚を強化していってください。

② 実例サンプルに挑戦

さあ、それでは生の素材を使った実例サンプルでの練習に入りましょう。

実例 SAMPLE 1 ヒント

解説 連邦政府の安全衛生関連機関の仕事、ホテル経営者、地方自治体職員などを経験した米人女性のインタビューから。「クリントン大統領は great president だと思うか」という質問に対する答えです。

[出典：Elizabeth Stanford — K/H Interview]

ヒント一語句リスト

in good shape	…………	よい状態にある
the federal budget	…………	連邦予算
contribution	…………	貢献
lasting	…………	長く続く
to conduct a war	…………	戦争を指揮する

ヒント一組み立て

人に対する評価の話なので、やはりズバリ、マイナスから入らないで話しています。

ストレート・トランスクリプト

Well I appreciate the fact that he did get the economy in good shape and that he had the federal budget in good shape. And I am very grateful that he was able to do it. Greatness, no, because I guess I would not be willing to give the label 'great' to a President whose only contribution seemed to be on the economic side, as important as that is. Partly because that is not necessarily a lasting contribution. The greatness of the presidents that I know are much more lasting contributions: whether it was Roosevelt's leadership in conducting the war; or whether it was Washington or Lincoln who made enormous contributions to the whole shape of our government.

実例 SAMPLE 1

> Well I appreciate the fact that he did get the economy in good shape and that he had the federal budget in good shape. And I am very grateful that he was able to do it.

Greatness, no,

because I guess I would not be willing to give the label 'great' to a President whose only contribution seemed to be on the economic side, as important as that is.

Partly because that is not necessarily a lasting contribution. The greatness of the presidents that I know are much more lasting contributions: whether it was Roosevelt's leadership in conducting the war; or whether it was Washington or Lincoln who made enormous contributions to the whole shape of our government.

理解見本 そうですね、彼が経済をよくしたことについては、ありがたかったと思います。連邦予算を健全にしてくれたこともそうです。それをやり遂げてくれたということについては、本当にありがたかったと思っています。「偉大」ということになると、答えはノーですね。理由は、おそらく、私としては貢献が経済面に限られるように思える大統領に「偉大」という評価を下すのに抵抗があるのだと思います。それだって、とても大切ではあるんですけどね。その理由としては、それが必ずしも長期的な貢献ではないから、というのがあると思います。私の頭に浮かぶ大統領たちの偉大さというのは、もっとはるかに長期的な貢献にあります。例えば、ルーズベルトの戦争遂行におけるリーダーシップもそうですし、私たちの政府のあり方そのものに偉大な貢献をしたワシントンやリンカーンもそうです。

ロジック解説　クリントンは目の前にいるわけではないので、別に、'Greatness', no. とズバリ始めてもよさそうに感じますが、やはり**人に関する評価の話**であることと、**自分としても恩恵を受けている**という点からも、やはりフェアーに、この＜フィードバック形＞の順番で話が来ました。プラス点を具体的に評価してから、「偉大とは思わない」という結論に移ります。サポートとしてふたつ来ましたね。ひとつ目は、貢献が経済面だけでは、「偉大」と呼ぶには不十分、という理由ですね。ふたつ目は、「貢献が長期的なものでないから」という理由ですね。ほかの「偉大」と思われる大統領たちの長期的なインパクトをもつ貢献の例を挙げて説明しています。

語句

to get ... in good shape
good shape は「よい形」ですが、「健全な状態」というニュアンスが加わります。ここでのように、経済や財政だけでなく、体調、機械などについても使えます。

as important as that is
これは as が though の意味になる独特の表現で「譲歩」を強調するときに使われます。「それが重要であるにもかかわらず」という意味になります。

実例 SAMPLE 2　ヒント

解説　米国の日系企業の広報担当ジェネラル・マネジャーのインタビューからの抜粋。日本人駐在員へのアドバイスを求められて答えているところです。
［出典：Bruce Brownlee — K/H Interview］

ヒント―語句リスト

particularly	特に
to be perceived as ...	…と見られる
to engage in conversation	会話に参加する、話をする
challenging	難しい、苦労する
to get to know a person	その人をよく知るようになる、親しくなる
a team associate	社員
whether that is A	A でもいいし
to attend	参加する、出席する
a walkathon	何かの慈善運動の募金活動などのための長距離歩行（'マラソン'にかけた表現）
a shelter	いろいろな困難を抱えた人が避難するための宿泊所、シェルター
to engage	関わる、関わらせる、参加させる
our counterparts	（違うグループで）同じ立場にある人
lifelong	生涯にわたる、一生続く

ヒントー語句リスト

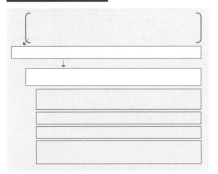

<フィードバック形>のちょっとしたバリエーションです。指摘したら、すぐにアドバイスを具体的にしてくれます。そして、そのアドバイスについての詳しい説明が丁寧にされています。

ストレート・トランスクリプト

I think that the Japanese people are very friendly, and particularly when they come to the United States, they are perceived as being friendly and open. And people, once they engage in conversation, get a good feeling with talking to Japanese people. Sometimes your language ability makes it more challenging, more difficult to get to know a Japanese person. And one of the things that I encourage the Japanese team associates who come here is; to participate not only in work, but in some type of a community activity; whether that's in your child's soccer games; whether that's attending some of the walkathons; whether that's going to paint a house with a group of people in a shelter that needs a house painted. Participate and engage yourself in the community, and get to know the Americans more than just at work. And when that happens, then a relationship begins to be built that is more than just at work. It becomes friendships. And many, many of our Americans have good friendships with our counterparts in Japan, that are going to be lifelong friendships, because those Japanese individuals took the time to engage themselves in people's lives outside of work.

実例 SAMPLE 2 81

> I think that the Japanese people are very friendly, and particularly when they come to the United States, they are perceived as being friendly and open. And people once they engage in conversation, get a good feeling with talking to Japanese people.

Sometimes

your language ability makes it more challenging, more difficult to get to know a Japanese person.

And one of the things that I encourage the Japanese team associates who come here is; to participate not only in work, but in some type of a community activity;

whether that's in your child's soccer games; whether that's attending some of the walkathons; whether that's going to paint a house with a group of people in a shelter that needs a house painted.

Participate and engage yourself in the community, and get to know the Americans more than just at work.

And when that happens, then a relationship begins to be built that is more than just at work. It becomes friendships.

And many, many of our Americans have good friendships with our counterparts in Japan, that are going to be lifelong friendships, because those Japanese individuals took the time to engage themselves in people's lives outside of work.

理解見本 日本の方はとても親しみやすくて、特にアメリカに来られると、親しみやすくてオープンだと見られていると思います。で、皆、いったん直接話をしてみると、日本人と話すことに好印象を持ちますね。ただ、ときに、皆さんの語学力ゆえに、日本人の方と本当に親しくなるのが難しい、苦労するということが出てきます。そこで、私がこちらに来られる日本人社員の方に勧めていることのひとつが、仕事だけでなくて、何かの地域社会の活動に参加す

ることです。お子さんのサッカーの試合でもいいです。ウォーカソンに参加するもよし。ペンキ塗りが必要な家のあるシェルターで、そこの人たちとペンキ塗りをしに行くのでもいいです。とにかく、地域社会に自ら参加し、関わっていってください。そして、職場でだけでなくアメリカ人と親しくなってください。で、これができると、初めて職場を越えた人間関係が築かれはじめます。本当の友情になるのです。で、たくさんのたくさんの当社のアメリカ人も日本側の人たちと生涯にわたる、素晴らしい友人関係を築いています。なぜなら、こうした日本人の方々が仕事を離れて人々の生活に自分から関わっていく、そういうことを時間をとってやったからなんです。

・・

ロジック解説 <フィードバック形>のちょっとしたバリエーションです。まず、**日本人のプラス面**を話しています。スピーカーはこれからアドバイスをしようとしているわけですが、まずは、現状でも「十分、皆に好感をもたれますよ」と言ってくれているのですね。

「ただ」と日本人の弱点の方に話が移りますが、ここで sometimes（ときにこういうことがある）という言い方で移っているのが味ですね。全体の中でのフィードバックのバランスを示して、やわらかくしてくれていますね。さて、「（言葉の問題もあって）本当に親しくなるのが難しい」というのが指摘です。フィードバックのパターンとしてよくある話の流れですが、**問題点の指摘から、すぐ具体的なアドバイスにいき、そのアドバイスについて詳しい説明**が行われます。

アドバイスは「職場だけでなく、地域社会に関わっていくこと」という内容です。ある行動をとるようにアドバイスするのですから、聞き手に対して**説得力がなければ意味がありません**。いろいろなサポートで説得が行われますよ。ひとつめは、**具体例**ですね。「こんなことをしてもいいし、こんなこともできるし」と例を挙げて、いろいろな可能性についてイメージが湧くようにしてくれています。次に「要は」ということで、自分のアドバイスのエッセンスを、「職場を越えて、アメリカ人と本当に親しくなれ」ということだと言い換えて説明してくれました。

3つ目のサポートではその利点を説明して、「仕事を越えた絆、本当の友情が生まれる」と言っています。そして最後に、このアドバイスの内容が‘現実に’、‘実際に’効果があり、価値があるのだということを説得するために、**自分が身近に見てきた現実の例の存在をアピール**して、励ましのトーンで締めくくっています。

・・

語句

to get to know a person
「表面的でないレベルでその人について知る」という感覚で、そこから、表面的なレベルでなく、その人についてのいろいろなことや、その人の人となりを知っているようなレベルで本当に親しくなることを言います。

Whether that is A,
「それが A であろうと、そうでなかろうと」「それが A であろうと、それ以外であろうと」というのがもともとの意味です。そこから、「ほかにいろいろとあり得るから何でもよいのだけれど」という感じで、「例えば、A でもいいし……」と、自分の

頭に浮かんできた例を挙げていくようなときに使われる表現です。

to engage
「関わる（自動詞）」「関わらせる（他動詞）」の両方で使われます。「切り離す」「無関心でいる」「距離を置く」といったことの反対として、通常、**非常にプラスのニュアンス**をもって使われます。

実例 SAMPLE 3　ヒント

解説　2004 年の大統領選の際の、大統領候補のディベートからの抜粋。「人格の面で、対立候補が大統領にふさわしくないと考える理由があるか」という質問に対するブッシュ大統領の答え。　　　　　　　　[出典：Presidential Debate 2004]

ヒント一語句リスト

to admire	素晴らしく思う、敬服する
a Senator	上院議員
service to our country	（特に公的な職での）国への貢献、功労
the record	実績
to hold something against someone	（人）を…のことで非難する
in the course of ...	…を通じて、…の間
to change position on ...	…についての立場を変える
fundamental	根本的な
a core	中核
in your heart of hearts	心の中で、心の奥底で
to send mixed messages	どっちつかずのメッセージを送る、メッセージが変わる、はっきりしないメッセージを送る
to send the wrong signal	誤解を招くメッセージを送る
our allies	われわれの同盟国
my opponent	対抗者、対立候補
how this world works	世の中の仕組み
in the councils of government	政治（統治）の協議においては
certainty	確実性、ゆるぎない確信
tactics	戦術、作戦
the strategic beliefs	戦略上の信念

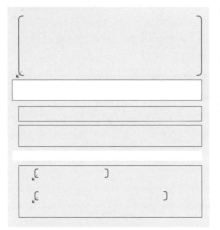

さて、人の人格に対する意見を求められていますから、人に対してフェアーで礼節のある評価をする人間だという印象を与えたいですよね。そうすると、やはり、常に相手のプラス側にも言及しますよ。

ストレート・トランスクリプト

Um, first of all, I admire Senator Kerry's service to our country. I admire the fact that he is a great dad. I appreciate the fact that his daughters have been so kind to my daughters in what has been a pretty hard experience for, I guess, young girls, seeing their dads out there campaigning. I admire the fact that he served for 20 years in the Senate. Although, I'm not so sure I admire the record. I won't hold it against him that he went to Yale. There's nothing wrong with that. My concerns about the Senator is that: In the course of this campaign, I've been listening very carefully to what he says, and he changes positions on the war in Iraq. He changes positions on something as fundamental as what you believe in your core, in your heart of hearts, is right in Iraq. You cannot lead if you send mixed messages. Mixed messages send the wrong signals to our troops. Mixed messages send the wrong signals to our allies. Mixed messages send the wrong signals to the Iraqi citizens. And that's my biggest concern about my opponent. I admire his service. But I just know how this world works, and that in the councils of government, there must be certainty from the U.S. President. Of course, we change tactics when need to, but we never change our beliefs, the strategic beliefs that are necessary to protect this country in the world.

実例 SAMPLE 3　82

Um, first of all, I admire Senator Kerry's service
　　　　　　　　　　　　　　to our country.
I admire the fact that he is a great dad.
I appreciate the fact that his daughters have been
　　so kind to my daughters in what has been a pretty hard
　　experience for, I guess, young girls, seeing their dads out
　　there campaigning.
I admire the fact that he served for 20 years in the Senate.
　　　Although, I'm not so sure I admire the record.
I won't hold it against him that he went to Yale.
　　　There's nothing wrong with that.

My concerns about the Senator is that: In the course of this campaign, I've been listening very carefully to what he says, and he changes positions on the war in Iraq.

He changes positions on something as fundamental as what you believe in your core, in your heart of hearts, is right in Iraq.

You cannot lead if you send mixed messages.
　　Mixed messages send the wrong signals to our troops.
　　Mixed messages send the wrong signals to our allies.
　　Mixed messages send the wrong signals to the Iraqi citizens.

And that's my biggest concern about my opponent.

I admire his service.
But I just know how this world works, and that in the councils of government, there must be certainty from the U.S. President.
Of course, we change tactics when need to,
but we never change our beliefs, the strategic beliefs that are necessary to protect this country in the world.

理解見本 まず最初に、ケリー上院議員のわが国への貢献には賞賛の念を禁じえません。また、素晴らしい父親でいらっしゃることにも非常に敬意を感じています。お嬢さん方が私の娘たちに非常に優しいお心遣いをしてくださっていることについても感謝しています。どうも、若い娘たちにとっては、世の中に出て父親がキャンペーンをしているのを見ているのは、なかなかつらい経験だったようですから。上院で20年以上も議員を務めてこられたことにも敬服しております。ただ、そこでのご業績については、あまり素晴らしいと言い難く思っていますが。エール大学を出られていることについては、責めるつもりはありませんよ。何も悪くないですよねぇ。私の上院議員に対する懸念はこういうことです。この選挙戦を通じて、私はずっと注意深くおっしゃることに耳を傾けてきました。で、議員はイラク戦争についてのご自分の立場を変えるんですね。自分の心の底から、心の奥底から、イラクにおいて何が正しいと信ずるのか。それほど根本的なことについて、ご自分の意見を変えるのです。曖昧なメッセージを送るようなことでは、リーダーの役割は果たせません。曖昧なメッセージは、わが国の兵士たちに誤解を与えます。曖昧なメッセージは、わが国の同盟国に誤解を与えます。曖昧なメッセージはイラクの市民の皆さんに誤解を与えます。それが、私の対立候補の方に対する私の最大の懸念です。これまでのご貢献には敬服いたしております。ただ、私はこの世の中の仕組みがよく分かっているんです。政治の協議においては、米国大統領には揺るぎない確信が求められているのです。もちろん、必要に応じて作戦を変えることはします。しかし、信念を変えることは決してしないのです。世界において、わが国を守るために必要な戦略上の信念を変えることは決してしないのです。

・・

ロジック解説 人の人格に関するコメントを求められています。ディベートの対戦相手の気持ちに配慮するという面もあるでしょうが、この場合、**人を評価するときの語り方を通じて、自分の人柄が聴衆に問われる場面です。**そのため、フェアーに、礼儀正しく相手の問題点を指摘する<フィードバック形>がきちんと踏襲されています。最初の部分で、まずは相手の人としてのプラス面を列挙しています（チラッと嫌味が入っていますが！）。娘さんたちに関するコメントは、背景が分かっていないと少々分かりづらいですね。選挙戦の後半でケリーの娘に加えて、ブッシュの双子の娘たちも父親を支援すべくメディアに登場し始めて、一時、娘たちの選挙戦が話題を集めたことに言及しています。

さて、その上で、質問への回答である、「相手の人格に関するマイナス点についての指摘」に入ります。「イラク戦争について立場をころころ変える」というのがポイントですね。まず、**最初のサポートで、そのポイントの意味合いをより詳しく説明していますね。**「どうでもよい問題じゃなくて、信念に関わる大事な問題についてですよ」ということです。そして**次のサポートでは、そのことで、どのような具体的問題が生じてしまうのかを説明して、対立候補のマイナス面のもつ重要性を強調しています。**重み付けのサポートですが、利点を訴えて売る方ではなくて、マイナスを訴えて売る方の説得ですね。

最後に、「以上が私の対立候補についての懸念です」と締めました。が、よくある流れなので

すが、自分の結論のエッセンスをもう一度まとめて説明するサポートが入ります。「つまり、もう一度まとめると…」という感覚です。その中が、面白いですね。もう、ここでは相手のマイナス点だけ言えばよいようなものですが、最初にプラス面をちゃんと入れていますね。ふたつ目の（　　）は自分の言っていることに対する誤解を防ぐための＜挿入＞ですね。

語句

mixed messages

mixed message の **mixed** は、「混ざった＝一定しない、ふたつの逆の立場の間を行ったり来たりする、不明確な」といろいろなニュアンスを含みますが、mixed message を送るというのは**アメ**リカではかなりマイナスの概念です。自分の立場をはっきりとさせ、自分の意見を明確に伝えることが、アメリカの文化の中では非常に大きな価値とされています。特に、リーダーとしてのひとつの重要な資質ともとらえられています。

実例 SAMPLE 4　ヒント

解説 2004年の大統領選の際の大統領候補のディベートからの抜粋。「人格の面で、対立候補が大統領にふさわしくないと考える理由があるか」という質問に対する民主党のケリー候補の答え。　　　　　　　　[出典：Presidential Debate 2004]

ヒント―語句リスト

in terms of ...	…の面で、…の意味では
to get a sense of ...	…の感触を得る、…について想像がつく
tough	大変な、骨の折れる、難しい
to acknowledge	価値のあるものとして認める、感謝を表す
to chuckle	思わずくすくす笑う
my business	自分が関わるべきこと
sort of ...	…のような
a character trait	性格的な特徴
certainty	確実性、確信
It's one thing to A, but it's another to B	A と、B はまったく別物である
stem-cell	幹細胞（ES 細胞―胚性幹細胞）
global warming	地球温暖化

ヒント―組み立て

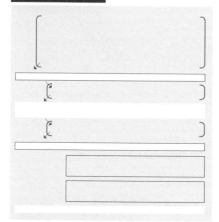

ひとつ前の例と同じく、人の人格に対する意見を求められていますから、「相手のプラス側から」の形で来ますよ。その後、相手のマイナス点を指摘する際には、ストレートに「人格の問題」として指摘するのを避け、「ものの考え方の違い」のようなこととして提示しようとします。そのために、ちょっと行ったり来たりしています。でも、「相手の問題点を指摘する」という本線には変わりありませんから、これを見失わずに。

ストレート・トランスクリプト

Well, first of all, I appreciate enormously the personal comments the president just made. And I share them with him. I think only if you're doing this — and he's done it more than I have in terms of the presidency — can you begin to get a sense of what it means to your families. And it's tough. And so, I acknowledge that his daughters — I've watched them. I've chuckled a few times at some of their comments. And I have great respect and admiration for his wife. I think she's a terrific person and a great first lady. But we do have differences. I'm not going to talk about a difference of character. I don't think that's my job or my business. But let me talk about something that the President just sort of finished up with. Maybe someone would call it a character trait, maybe somebody wouldn't. But this issue of certainty. It's one thing to be certain, but you can be certain and be wrong. It's another to be certain and be right, or to be certain and be moving in the right direction, or be certain about a principle and then learn new facts and take those new facts and put them to use in order to change and get your policy right. What I worry about with the President is that: He's not acknowledging what's on the ground, he's not acknowledging the realities of North Korea, he's not acknowledging the truth of the science of stem-cell research or of global warming and other issues. And certainty sometimes can get you in trouble.

実例 SAMPLE 4　🎧 83

Well, first of all,

— I appreciate enormously the personal comments the president just made. And I share them with him.

I think only if you're doing this — and he's done it more than I have in terms of the presidency — can you begin to get a sense of what it means to your families. And it's tough.

And so, I acknowledge that his daughters — I've watched them. I've chuckled a few times at some of their comments.

— And I have great respect and admiration for his wife. I think she's a terrific person and a great first lady.

But | we do have differences.

I'm not going to talk about a difference of character. I don't think that's my job or my business.

But | let me talk about something that the President just sort of finished up with.

Maybe someone would call it a character trait, maybe somebody wouldn't.

But | this issue of certainty.

It's one thing to be certain,

but you can be certain and be wrong.

It's another to be certain and be right, or to be certain and be moving in the right direction, or be certain about a principle and then learn new facts and take those new facts and put them to use in order to change and get your policy right.

What I worry about with the President is that:

He's not acknowledging what's on the ground,
he's not acknowledging the realities of North Korea,
he's not acknowledging the truth of the science of
stem-cell research or of global warming and other
issues.

And   certainty sometimes can get you in trouble.

理解見本　まず最初に、大統領がくださった個人的なコメントに心からお礼を申し上げます。私も同じ気持ちです。こればっかりは、実際にやってみないと——大統領は、大統領をされていたという意味では私よりも長くやっていらっしゃるわけですが——家族にとってどういうことを意味するか想像もつかないと思います。なかなか大変なことです。ですから、娘さんたちのことも……私も見ましたよ。お二人の発言には何度か思わずくすっと笑ってしまったりしましたが。それから奥様についても本当に立派な方で賞賛の念を禁じえません。素晴らしい方で非常に立派なファーストレディーでいらっしゃると思います。ただ、私たちには確かに違いがありますね。人格という意味での違いについては語りません。私のすべきことでもないし、私に関係のあることでもないと思いますから。ただ、大統領が、何と言うか、最後の締めでおっしゃったことについて話したいんです。人によってはそれを人柄の問題と言うかもしれませんし、人によってはそうは言わないかもしれません。とにかく、「確信」ということの問題です。確信をもっているのはいいですが、でも確信をもって、間違っているということもあるんです。それは、確信をもって、かつ、正しいのとは全く異なることです。あるいは、確信をもって、かつ正しい方向に進んでいるとか、基本的な信念において確信をもって新たに知った事実を考慮して政策を正しいものにと変える、というのと全く異なることです。私がこの大統領に関して懸念することは、現場で現実に何が起こっているかを受け入れようとしないということです。北朝鮮の現実を見ようとしないということです。幹細胞研究の真実や地球温暖化やその他の問題の真実を見ようとしていないということです。で、確信というものが、ときに問題を引き起こすということなのです。

ロジック解説　この例でも、前例のブッシュの発言と同様、**人の人格に関するコメントを求**められていますから、フェアーに、**礼儀正しく相手の問題点を指摘する**＜フィードバック形＞がきちんと踏襲されています。最初の部分は内容的にちょっと分かりにくいところもあるかもしれませんが、要は、前例でも説明したように、娘たちが選挙戦に加わってメディアに取り上げられて、世間やメディアにいろいろと言われたときのことに言及しています。選挙となると、どうしても巻き込まれることになる家族の苦労は共通のものとして、**家族への負担と**

いう点で共感を示し、相手の家族に対してプラスのコメントをしています（家族についての話題のところでは、ブッシュとケリーが娘たちの話に関連して冗談の応酬をしていますが、ロジックの流れに関係ないので、あえてトランスクリプトからは省いています）。

その上で、質問への回答である、「相手の人格に関するマイナス点についての指摘」に入ります。まず、「違いがある」という非常に漠然とした表現で、「相手について指摘したいことはある」というメッセージだけは置いておいて、そこからがブッシュと違うアプローチを取っていて面白いですね。「相手の人格云々は言いません」という言い方で、「個人攻撃」的に響くことのリスクを避けて、謙虚さを売っていると解釈できます。＜挿入＞で行ったり来たりするなかで、「自分は人格云々ということでなく、単に重要な違いという意味でひとつ述べたい」といったスタンスに自分の回答を整えなおしています。ただ、あくまでも、相手に対する指摘、相手の問題点についてのコメントであることには変わりありません。この点を見失わないようにします。

指摘のポイントは、「常に確信をもって、意見を変えないことが重要だ」と言っているようにとれる大統領の主張に対する反論です。メインポイントの文は非常にやわらかく、まずはトピックとして「確信ということについての問題」と言って置いているだけですね。ひとつ目のサポートでは、「確信があるからといって、正しいとは限らない。確信をもっていても、正しくなければ意味がないし、また、新しい情報を得たら、それを考慮して政策を正しい方向に調整するのでなければ意味がない」といったことを言っています。ふたつ目のサポートでは、初めて大統領に明確に言及して、「確信をもってしまって、現実が見えなくなっている」という具体的な例を挙げています。最後にまとめて、「大統領の確信が問題を引き起こしているのではないか」ということを言っているのですが、ここでも表現としてはとても遠まわしに、一般論で言っていますね。

語句

It's one thing to A. It's another to B.
これ全体で決まった言い回しです。直訳的には「Aはひとつのことで、Bはもうひとつのこと」という意味なので、「AとBは別のものだ」ということですね。そこから、コンテキストによって多少ニュアンスの違う意味になっていろいろと使われます。もとの意味をしっかりと頭に置いておきましょう。「Aだからといって、必ずしもBにならない」「Aはいいとして、Bは似ているようで質（レベル）が違う」など、コアの意味は共通していますが、コンテキストに応じていろいろなニュアンスになります。

to acknowledge
これはなかなか日本語になりにくい英語です。コアとしては「『これは…だ』と言う」といった感じでしょうか。そこから、「認める」「告白する」「公に褒める」「感謝を述べる」「手紙などを受け取ったことを通知する」「（事実を事実として）受け入れる」など、いろいろな意味で活躍します。

what's on the ground
on the ground という表現の the ground は、理論上や机上での理屈や情報ではなく、特に戦場や大きな問題が起こっている**「現場」**のことを指します。

ロジカル
リスニング

PART 2
実践練習用付録

実戦チャレンジ用サンプル集

❶ 生きた英語で総仕上げ

さあ、本書も最後の章になりました。総仕上げとして、これまで培ってきた感覚を使って、かなり長い話の聞き取りに挑戦しましょう。いろいろなサポートや挿入が入ってきます。中には基本パターンからはずれた変則的なものもあります。話の「本筋」を見失わないことを第一の目標に、頑張ってみてください。

今の段階で、一発で話の筋を完全に把握できるのは、恐らく非常に英語力の高い方に限られると思います。がっかりする必要はありませんよ。いろいろなところで、小さな単位の<基本形>（＝何か言ったら、説明）がふと聞き取れる、ちょっとした<挿入>がふと聞き取れる、そういう小さな成功を積み重ねていってください。この視点をもってたくさんの英語に触れていくことで、だんだん感覚がついてきて、最終的にはこの章で扱うような英語でも、一発で、しっかりと論旨を追った聞き取りができるようになります。

それでは、楽しみながら挑戦してみてください。力試しに挑戦する際の視点は、「付録①−１ PART2の学習の仕方」(p. 154〜)の、英語レベルに応じた聞き取りチャレンジの仕方の目安を参考にしてください。

> 詳しい語句解説は紙面の都合上、省いてあります。語句リストと訳で意味は問題なく分かると思いますが、もしK/Hシステム式の語句のニュアンスや、頻出表現・頻出構文などの詳しい解説が欲しい方は、私どものウェブサイトで公開していますので、ご参照ください。　　　　　　　　　　　　　　　⇒http://www.kh-system.com/

実例 SAMPLE 1　ヒント

解説 連邦政府の安全衛生関連機関の仕事、ホテル経営者、地方自治体職員などを経験した米人女性のインタビューから。「アメリカの大統領で最も尊敬する人」としてリンカーンを挙げた後、リンカーンの魅力について語っている部分。
[出典：Elizabeth Stanford — K/H Interview]

ヒント—語句リスト

extraordinary	……………………	並外れた
to acknowledge	……………	認める
slavery	………………………	奴隷制度
to develop	…………………	成長する、育つ
a trait	……………………………	（人格や性格の）特色・特徴
compassionate	………………	思いやりのある、慈愛のある
humane	…………………………	思いやりのある、慈悲深い
to relieve ...	……………………	…を軽減する

ヒント—組み立て

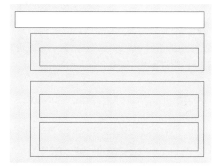

サポートの中も、「言ったことを詳しく説明」「言ったことを詳しく説明」という英語らしい感覚で話が進んでいますよ。

ストレート・トランスクリプト

Lincoln's role as a leader in this country is extraordinary. And I think what people acknowledge when they talk about Lincoln was the fact that he didn't ... he didn't come up already formed. He grew into the role. He grew into the role of President, he grew into the role of leader, and his understanding of the impact of slavery on the country developed and grew. And that's a very human trait, so people, I think, feel that Lincoln was like them. He was constantly growing, and he was growing into a better person. He was growing into a more compassionate, more humane person. And I think perhaps when we look at Lincoln, we think, "That might happen to me." If I paid attention, perhaps then I would more understand what it is that is burdening people and how I could act to relieve that burden.

Lincoln's role as a leader in this country is extraordinary. And I think what people acknowledge when they talk about Lincoln was the fact that he didn't ... he didn't come up already formed.

> He grew into the role.
>
> > He grew into the role of President, he grew into the role of leader, and his understanding of the impact of slavery on the country developed and grew.

> And that's a very human trait, so people, I think, feel that Lincoln was like them.
>
> > He was constantly growing, and he was growing into a better person.
> >
> > > He was growing into a more compassionate, more humane person.
>
> > And I think perhaps when we look at Lincoln, we think "That might happen to me."
> >
> > > If I paid attention, perhaps then I would more understand what it is that is burdening people and how I could act to relieve that burden.

理解見本 この国におけるリンカーンのリーダーとしての役割というのは並はずれたものがあります。で、人々がリンカーンのことを語るときに彼の何を素晴らしいと思うかというと、リンカーンがすでに出来上がった状態で登場したわけではなかったという点だと思うんです。リンカーンは役割に必要な器（うつわ）へと成長していったんです。大統領としての器に、リーダーとしての器に育っていったんです。そして、国にとっての奴隷制度のもつ影響に対するリンカーンの理解も発展し、育っていったのです。で、これはとても人間的な特徴ですよね、そのために人々はリンカーンを自分たちに近い人間として感じるのだと思います。彼は、常に成長していて、よりよい人間へと育っていっていました。より思いやりの深い、より慈悲深い人間へと成長していたのです。それで、私たちがリンカーンのことを考えるとき、「同じことが自分にも起こりえるのかもしれない」と思うのだと思います。つまり、「もし心を研ぎ

澄ましたら、そうすれば、あるいは、人々を苦しめているものが何なのか、そして、その重荷を軽減するために自分がどう行動すればよいのかをもっとよく理解することができるのかもしれない」と思うのだと思います。

. . . .

ロジック解説 「生まれつき偉大な人だったわけではなかった」というのがリンカーンの魅力なのだというのですね。このポイントについて**説得**してくれます。最初のサポートでは「生まれつき偉大だったのではない→つまり、大人になってからも成長して偉大になっていった」というふうに最初のステートメントがどういう意味なのかを詳しく**説明**してくれました。それをさらに詳しく「大統領としての器の面でも、リーダーとしての器の面でも、最もよく知られている奴隷制度に対する彼の考え方の面でもそうなのだ」と**例を挙げて**説明してくれています。

さて、次のサポートは何でしょう。このサポートは、リンカーンが生まれつき偉大だったわけではなかったことが、「なぜ、人々にとって'魅力'になるのか」という点についての説明です。要は「人間味があって、自分たちと近い気がするためだ」というのです。さらに詳しく、つまり「常に成長して、常によりよい人間になろうとする」というところが、そう感じさせるというのです。また、そのようにリンカーンを自分たちに近い人と感じるということは、「私もそうなれるかも」というインスピレーションを人々が感じられるということでもあるという素晴らしい**意味付け**が来ています。

実例 SAMPLE 2　ヒント

解説　クリントン大統領の退任演説からの抜粋。

［出典：President Clinton Farewell Address — January 18, 2001］

ヒント一語句リスト

to weave ……………………… 織る

fabric ………………………… 布

diverse ……………………… 多様な

to unite ……………………… 団結する、ひとつになる

humanity ……………………… 人間性

to overcome ………………… 乗り越える

dignity ……………………… 尊厳

gender ……………………… 性別

sexual orientation …………… 性的嗜好

our founders' dreams ……… 建国の父たちの夢

ヒント一組み立て

３つの項目を列挙するのが英語として
非常に落ち着くのでしたね。

ストレート・トランスクリプト

We must remember that America cannot lead in the world unless here
at home we weave the threads of our coat of many colors into the fabric
of one America. As we become ever more diverse, we must work harder
to unite around our common values and our common humanity. We
must work harder to overcome our differences, in our hearts and in our
laws. We must treat all our people with fairness and dignity, regardless
of their race, religion, gender or sexual orientation, and regardless of
when they arrived in our country, always moving toward the more
perfect union of our founders' dreams.

実例 SAMPLE 2

> We must remember that America cannot lead in the world unless here at home we weave the threads of our coat of many colors into the fabric of one America.

> As we become ever more diverse,
> — we must work harder to unite around our common values and our common humanity.
> — We must work harder to overcome our differences, in our hearts and in our laws.
> — We must treat all our people with fairness and dignity, regardless of their race, religion, gender or sexual orientation, and regardless of when they arrived in our country,
>
> always moving toward the more perfect union of our founders' dreams.

理解見本 私たちが忘れてはならないのは、アメリカが自国において、私たちひとりひとりのまとう衣のいろいろな色の糸から、ひとつのアメリカという布地を紡ぎだせなければ、アメリカはリーダーとして世界を引っ張っていくことはできないということです。私たちの社会が一層多様になっていく中で、われわれは一層の努力をもって、共通の価値観、共通の人間性を絆にひとつにならなければなりません。一層の努力をもって、ひとりひとりの心の中においても、国の法においても、人々の違いを乗り越えていかなければなりません。人種、宗教、性別、性的嗜好に関わらず、わが国にいつやってきたかに関わらず、すべての国民を公正さと尊厳をもって扱わなければなりません。そして、常に、われわれの建国の父たちの夢みた至高の統合に向けて進んでいなければいけません。

ロジック解説 最初のメインポイントは非常に詩的な表現なので、アメリカの価値観にかなりなじみがないと分かりにくいかもしれませんね。これは「多様性」のことを言っているのです。ひとりひとりが人種、宗教、性別、性的嗜好などの面で異なる色からなる衣をまとっていて、そういうかたちでばらばらなだけで皆が存在しているのではなく、ひとりひとりの衣（coat ＝外套、皮、表面のメッキ）からとった糸でひとつのアメリカという布を織るのだというのです。つまり、「多様性を衝突や分裂などのマイナス要因にするのでなく、それを乗り越えて、それを利点としてひとつの国として団結する」ということを言っています。話の組み立てを追って、論旨を追いながら聞き取りをすることのプラスは、このようにピンとこない表

現があっても、落ち着いて先を聞き、サポートの方から逆に意味を汲み取るチャンスを狙えることです。

さあ、サポートを見てみましょう。次のサポートは、**具体的に、より詳しく**「つまり、どうしなければいけないのか」を**説明**してくれています。別のサポートとして扱っている最後の部分も、この説明の一部として理解してもまったく問題ありません。ただ、ここでは別のサポートとして分けて理解しました。今まで語ってきた価値観をすべてまとめたような「建国の父たちの夢としての至高の統合」という非常に重い理想について言及しているので、重み付けのサポートとしてとらえる方が、英語らしい話し方の特徴をつかんでいると思えるからです。「多様性を衝突や分裂などのマイナス要因にするのでなく、それを乗り越えて、それを利点としてひとつの国として団結する」というメインポイントの意味合い、重みをアピールしているという理解です。

実例 SAMPLE 3　ヒント

解説　日系企業の人事部門で働くジェネラル・マネジャーのインタビュー。「在米の日系企業のようなハイブリッドの職場における最大の課題は何か」という質問に対する回答。　　　　　　　　　　　　　　　　[出典：John Baylis — K/H Interview]

ヒント―語句リスト

positive ……………………… プラスの
to operate ……………………（仕事など、やるべきことを）やる
former ……………………… 以前の、前の

ヒント―組み立て

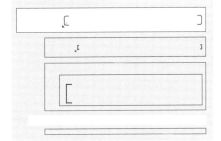

小さな挿入がちょこちょこっと出てきますよ。

ストレート・トランスクリプト

Um, I think the biggest challenge in a company of this sort is finding: The cultures may be different and the people might be a little bit different, but they're just different. No one is better than the other one and each has the opportunity to learn something. It might be not always a positive learning experience but it's an opportunity to learn. And if everyone could come in with that thought in mind, because we've learned so many more efficient ways of operating, I believe, in this company compared to my former company that makes things much easier to operate and work more smoothly and more efficiently. I'm very happy with that. But there's also opportunity from the American side to learn about what goes on here and how we operate. So, as we have been saying, different is just different: it's not bad, it's just different. And so, that's the key.

Um, I think the biggest challenge in a company of this sort is finding:

> The cultures may be different and the people might be a little bit different,

but they're just different.

No one is better than the other one and each has the opportunity to learn something.

> It might be not always a positive learning experience

but it's an opportunity to learn.

And if everyone could come in with that thought in mind,

> because we've learned so many more efficient ways of operating, I believe, in this company compared to my former company that makes things much easier to operate and work more smoothly and more efficiently. I'm very happy with that,
>
> But there's also opportunity from the American side to learn about what goes on here and how we operate.

So, as we have been saying, different is just different:

It's not bad, it's just different.

And so, that's the key.

理解見本 こういう会社での最大の課題は、「文化はいろいろと違うだろうし、人々も少し違うかもしれない。でも、それはただ'違っている'というだけのことだ」ということに気づくことだと思いますね。「どちらが上」だということはお互いにないわけですし、それぞれが何かしら学べるところがあるのです。必ずしもいつもプラスの学びばかりではないかもしれませんが、でもやはり、学べる機会なのです。そして、もし皆がそういった心構えで働きにくることができればいいですね。というのも、前の会社に比べて、この会社で私たちは本当にたくさんのより効率的な仕事の仕方を学べたと私自身は強く思っていますから。もっと物事が簡単に、もっとスムーズに効率的に回るやり方ですね。私自身はとても、このことを嬉しく思っていますね。でも同時に、アメリカ側からもこちらでの物事の仕組みや仕事の仕方について学ぶ機会がありますよ。ですから、先ほども述べたように、'違う'というのは、単に'違う'というだけのことなんです。'悪い'というのではなく、'違う'というだけのことです。で、これがカギだと思いますね。

ロジック解説 この例も、最初のメインポイントの表現が、ちょっとピンとこなかったかもしれません。ここでも、話の構造を追って聞く視点があれば、少し落ち着いて、「よし、サポートを頼りに意味を推測するぞ」と耳をそばだてて、次に来るサポートに注目できます。

そうすると、ありがたいことに、最初のサポートは詳しく説明してくれているサポートのようですから、これで意味がつかめますね。「just different」ということが、要は「優劣の問題ではなくて、お互いに学べるような'違い'の問題だ」ということを言っているのだと、ここで分かりますね。

次のサポートは、そういう認識ができることの利点を言っていますね。最初の「if everyone could...」は、この条件節だけで言い捨てているようなかたちで、よく行われる話し方です。「もし～だとねぇ……」と願いをこめて言っているような感じで、これだけで「そうだとよいのに」というメッセージです。まずは自分の側（米人側）の話から始まって、but alsoで逆の日本側について話していますね。最初の自分の例の話が分かりやすいと思いますが、要は「本当にプラスになるんだ」ということを売っているのですね。日本人側のことは「プラスになるんだ！」と言い切るわけにもいかないので、「学ぶ機会がある」という客観的な表現で置いています。しかも、よく見ると「日本側が（学べる）」という主語も登場させない文で、非常に気をつかって丁寧に話していますね。その一方で、米人側と日本人側の話を and でつないでもよいわけなのに、but alsoでつないでいるのが面白いですね。Alsoなのでふたつを並列に並べることにはなりますが、but にはスポットライトの役割があるのでしたよね？ですから、こちらをかなり強調したいというニュアンスになります。日本人の人たちに訴えている、という響きがちょっと感じられますね。

最後にまとめていますが、その後ろの短いサポートは、英語らしい典型的な「最後の重み付けサポート」ですね。「カギを握るほど重要なんですよ」という感じです。

実例 SAMPLE 4　ヒント

解説　連邦政府の安全衛生関連機関の仕事、ホテル経営者、地方自治体職員などを経験した米人女性のインタビューから。「自分の人生にとって大切なことは？」という質問に対してまず答えて、そのあと、「具体的に暮らしの中でそれを表す行動として何をしているか」の1点目を答えてくれています。

[出典：Elizabeth Stanford — K/H Interview]

ヒント─語句リスト

The Hippocratic Oath ……… 　医師の倫理綱領「ヒポクラテスの宣誓文」
a physician ………………… 　(内科の) 医師
strictly …………………… 　厳密に
to do harm ………………… 　危害を加える
to injure someone ………… 　誰かを傷つける
physically ………………… 　肉体的に、物理的に
spiritually ………………… 　精神的に
to nurture ………………… 　育む
a spouse …………………… 　伴侶
to be scattered …………… 　散らばっている
emotional ………………… 　心の、感情面での
tremendously ……………… 　ものすごく

ヒント─組み立て

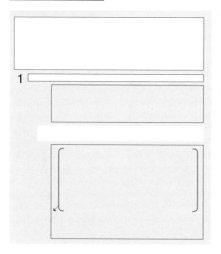

まず、「大切にしていること」を答えてくれた後に、具体的な行動のあらわれとしてひとつめの分野で話が始まります。それからが詳しい話です。

ストレート・トランスクリプト

One of your questions, which I'd like to move to, is; What is important in my life? Perhaps the first importance is similar to the Hippocratic Oath that a physician takes. Nurses take an oath, which is similar but not strictly the physician's oath, and that is, to do no harm, not to injure someone else, either physically or spiritually. And beyond that, to try to build, to improve the condition of the other people. It starts with the family. It starts with nurturing the family, trying to take care of the needs of one's spouse, my husband, and also trying to help the children. He has three children who are grown and we have five grandchildren who are quite young. So the focus quite naturally becomes the needs of the people who are closest to you. They are not physically close to us, because one child lives in North Carolina, one lives in Texas, one lives in Kentucky now. The grandchildren are scattered between Arizona, and Texas, and North Carolina. So, we don't get to see them as often as we would like, and therefore some of the things that a parent or grandparent might naturally do, we don't have the opportunity to do. But the emotional nurturing, the talking on the telephone, the helping them express their problems, helping them think through solutions to their problems is tremendously important.

One of your questions, which I'd like to move to, is; What is important in my life? Perhaps the first importance is similar to the Hippocratic Oath that a physician takes. Nurses take an oath, which is similar but not strictly the physician's oath. And that is, to do no harm, not to injure someone else, either physically or spiritually. And beyond that, to try to build, to improve the condition of the other people.

1. It starts with the family.

It starts with nurturing the family,

trying to take care of the needs of one's spouse, my husband, and also trying to help the children. He has three children who are grown and we have five grandchildren who are quite young.

So, the focus quite naturally becomes the needs of the people who are closest to you.

They are not physically close to us,
  because one child lives in North Carolina, one lives in Texas, one lives in Kentucky now. The grandchildren are scattered between Arizona, and Texas, and North Carolina.
So, we don't get to see them as often as we would like, and therefore some of the things that a parent or grandparent might naturally do, we don't have the opportunity to do.

But the emotional nurturing,
  the talking on the telephone, the helping them express their problems, helping them think through solutions to their problems
is tremendously important.

理解見本 いただいたご質問のひとつで、次にお話したいのが、「私の人生で大切なことは？」というご質問です。おそらく、最初の重要なことは、医師が誓うヒポクラテスの宣誓文に近いものです。厳密に言うと医師の倫理綱領とは違うんですが、看護婦も、非常に近い宣誓をするんですよ。で、それは何かというと、肉体的にも、精神的にも、人に危害を与えない、傷つけないということです。そして、それを超えて、他の人の状況をよりよくするよう努力する、ということです。まず、それは家族から始まります。家族を育むということです。自分の伴侶、私の夫のニーズに心を尽くし、子供たちを助けることですね。夫には3人の成人した子供がいて、まだ幼い孫が5人いますから。ということで、やはりまず焦点は当然、自分に最も身近な人たちのニーズということになりますね。物理的に身近にいるわけではないんですよ。子供のひとりはノースカロライナ州におりますし、もうひとりはテキサス州、もうひとりはケンタッキー州に今います。孫たちは、アリゾナ州、テキサス州、ノースカロライナ州に散らばっています。ですから、思うほど会えるわけではないので、親や祖父母として当然するようなことで、やってあげる機会がないこともあるんですよ。でも、精神的な育み、例えば、電話で話したり、悩んでいることを話せるようにしてあげたり、問題を解決する道を一緒に考えてあげたり、そういったことがとても大切なのです。

ロジック解説 まず大切にしている信念として「人を傷つけない。さらには人の助けになるように努める」ということが挙げられました。ここからは具体的にそのあらわれとして日々の暮らしの中で何を大切にしているか、という詳しい話が始まる流れです。

最初の項目として「家族」が挙げられて、話が進みます。先ほどの信念をベースに、まず「家族に対して何をするのか」という詳しい説明が来ましたね。「ということで、やはりまずは最も身近な家族を大切にして、フォーカスする」と締めたところで、「身近」の意味で誤解のないように＜挿入＞が入ります。「大切にする」というのが、「距離に関わらずできる、心のケアの問題でもある」という説明で理解を正してくれています。

この後、彼女は「友」、「地域社会」、「州レベルでの問題」、「国レベルでの問題」と、暮らしのいろいろなレベルにおいて、自分の信念をベースに少しでも自分なりに大切にして、自分なりに少しでも行っていることを話しています。

実例 SAMPLE 5　ヒント

解説　従業員 10 人ほどの会社の社長のインタビュー。「アメリカをひとつにしているものは何か」という質問に対する答えで、p. 182 にある冒頭部分に続いて答えた部分。　　　　　　　　　　　　　　　　　　　[出典：Bruce Moyer — K/H Interview]

ヒント一語句リスト

a broader scale	より大きなレベル
natural born citizen	（移民でなく）アメリカ生まれの国民
for the most part	概して
a barrier	障壁、障害
in practice	現実には
minorities	社会の少数グループ
all I can say is	少なくとも言えることは
It's night and day.	昼夜の差ほどの違いだ。
to be astounded	びっくり仰天する
to come a long way	随分よくなる
to conceive of ...	…を理解する、イメージする

ヒント一組み立て

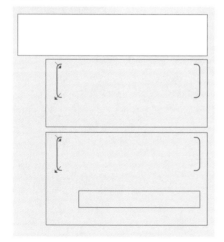

こういう理想論になると、必ず、シニカルな見方をする人がいるものです。そういう人たちの視点にきちんと対応して話さないと、ナイーブな '宙に浮いた夢物語' 扱いされてしまいます。そのため、こういう話では、＜挿入＞による行ったり来たりが多くなりますよ。

ストレート・トランスクリプト

Maybe on a broader scale, I think the notion that there is this American dream, that one can come and work hard and achieve a better life, is probably a good way of explaining what holds us together, even for natural born citizens. I mean everyone for the most part feels that we're not all going to be the same economically. That will never happen. But there's an effort in this country to reduce all the barriers that there might be in anyone wanting to improve their life, their quality of life. It's, you know, an ideal. In practice there's lot of barriers for minorities. But all I can say is we're working on that. I mean if you look back 50 years ago, it's night and day and I'll tell my daughter, my younger daughter, the way things were, you know. "Something happened in the 1940s," and she is just astounded. You know. I mean, to say that the blacks were not allowed to go to the same schools, she just doesn't get it. It's like "That doesn't make any sense." So, that tells me that we've come a long way when today's children can't conceive of how it used to be.

Maybe on a broader scale, I think the notion that there is this American dream, that one can come and work hard and achieve a better life, is probably a good way of explaining what holds us together, even for natural born citizens.

I mean everyone for the most part feels that we're not all going to be the same economically. That will never happen.

But there's an effort in this country to reduce all the barriers that there might be in anyone wanting to improve their life, their quality of life.

It's, you know, an ideal. In practice there's a lot of barriers for minorities.

But all I can say is we're working on that.

I mean if you look back 50 years ago, it's night and day, and I'll tell my daughter, my younger daughter, the way things were, you know. "Something happened in the 1940s," and she is just astounded. You know. I mean, to say that the blacks were not allowed to go to the same schools, she just doesn't get it. It's like "That doesn't make any sense."

So, that tells me that we've come a long way when today's children can't conceive of how it used to be.

理解見本 より広い意味では、'アメリカン・ドリーム'と言われるものがあるという意識、つまり、誰もがここに来て一所懸命努力すれば、よりよい暮らしを手に入れることができるのだという思いが、おそらく、「アメリカをひとつにまとめているのは何か」ということのよい答えになると思いますね。ここで生まれた人にとってすら、そうだと思いますね。もちろん、誰もが大方、経済的には皆が同じになることはないと感じていますよ。そんなことは、起こりっこないです。でも、この国には、自分の人生や暮らしをよくしようとする人の前に立ちはだかる可能性のあるあらゆる壁を少しでもなくそうとする取り組みがあるのです。言うまでもなく、理想です。現実には、社会の少数グループの人たちにはたくさんの壁があります。でも、少なくとも言えることは、私たちが努力しているということです。というのも、50年前を振り返ると、まるで夜と昼の違いですよ。で、私も下の娘に、昔がどんな状況だったかを話すんですね。「40年代にはこんなことがあってね」と。そうすると、彼女はもうすっかりショックを受けるわけです。だってね、つまり、黒人の人たちが同じ学校に通わせてもらえなかったなんていうことはですよ、彼女にしてみると、まったくピンとこないんですね。さっぱり訳が分からない、という感じです。ですから、今の子供たちが昔の状況について想像もできない、というのを見ていると、あぁ、随分よくなったんだなと思いますね。

ロジック解説 「努力すれば、誰でも暮らしをよくすることができる」という'アメリカン・ドリーム'への信念がアメリカをまとめているもののひとつだ、というのが彼のメインポイントです。

「誰でもって言うけど、そんなこと、できっこないじゃないか」「現実のアメリカは、まったくそうじゃないじゃないか」という当然の声が聞こえてきますから、そうした意見それぞれに<挿入>で言及して、自分の言っていることをより丁寧に説明していきます。ひとつ目が、もちろん「特に経済面で誰もがまったく同じになれる」とは皆も思っていないよ、という<挿入>ですね。では、どういう意味で言っているか。「各人が、自分の暮らしをよりよくしようとするうえでの'障害'を少しでも取り除こう」という取り組み、そういう意味での信念があるということだというのですね。

そしてふたつ目が、「それであってすらも、'理想'であって、現実にはまだまだマイノリティーには壁がある」と認めて、また自分の言いたいポイントに戻ります。「でも、たゆまず努力を続けている」(信念は健在)というのですね。ここで、その証拠、実績の例として、自分の娘の「常識」と半世紀前の社会の黒人に対する扱いを比較し、その変化を語っています。そして、結論として、暮らしをよくする機会(=不平等な壁がない)を皆に与えようとする信念がやはり根強くあり、「理想には至らないなりにも、理想に向かう方向で現実に前進はしているのだ」ということを言っています。

実例 SAMPLE 6　ヒント

解説 米国の日系企業の広報担当ジェネラル・マネジャーのインタビューからの抜粋。15歳になるまで日本で育った背景をもつスピーカーが、自分の生い立ちが自分にとってどんな意味をもつのかを語った部分から。

[出典：Bruce Brownlee — K/H Interview]

ヒント―語句リスト

in a sense	ある意味では
the advantage	強み、優位な点
upbringing	生い立ち、育てられ方
to benefit from ...	…から恩恵を得る、…がプラスになる
to be raised	育てられる
to share the same feeling	同じ気持ちをもつ、同じ意見である
to be confused about ...	…について混乱する、悩む
to adjust to ...	…に適応する
to sense that ...	…と感じる、感じとる
fortunate	恵まれた、運のよい

ヒント―組み立て

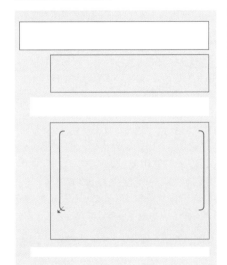

「よかった」というのが結論ですが、それが「どういう意味でよかったか」を2側面から説明してくれますよ。

ストレート・トランスクリプト

In a sense, I feel like I have the advantage of having the upbringing with an American background, American culture, together with the Japanese culture. And I believe that as a result of that, I have a different perspective than most Americans do with regards to not only Japanese people, but to the whole international and global community. So I personally feel like I've really benefited from that experience. Not all Americans who have been raised in Japan share that same feeling. There are some Americans who have, have been very confused about who they are. They don't know if they're Japanese, they don't know if they're American. And they have a difficult time adjusting to where they should live. And I sense that there are some Japanese who have been raised in America, or maybe another country, who sometimes get confused, too. Who are they? And I think it's natural to try to figure out where you are most comfortable. But I'm fortunate to be able to be comfortable not only in Japan but also in America, and comfortable with Japanese and also comfortable with Americans. So I feel very fortunate with that.

実例 SAMPLE 6

In a sense, I feel like I have the advantage of having the upbringing with an American background, American culture, together with the Japanese culture.

And I believe that as a result of that, I have a different perspective than most Americans do with regards to not only Japanese people, but to the whole international and global community.

So, I personally feel like I've really benefited from that experience.

Not all Americans who have been raised in Japan share that same feeling.

There are some Americans who have, have been very confused about who they are. They don't know if they're Japanese, they don't know if they're American. And they have a difficult time adjusting to where they should live.

And I sense that there are some Japanese who have been raised in America, or maybe another country, who sometimes get confused, too.

Who are they?

And I think it's natural to try to figure out where you are most comfortable.

But I'm fortunate to be able to be comfortable not only in Japan but also in America, and comfortable with Japanese and also comfortable with Americans.

So, I feel very fortunate with that.

理解見本 ある意味で、アメリカの背景とアメリカの文化と同時に、日本の文化でも育てられたということは強みになっていると感じます。で、その結果として、日本人に対してだけでなく、国際的な、地球的な意味でのコミュニティーについて、多くのアメリカ人と違う視点をもてていると思います。だから、個人的には、生い立ちがプラスになったと感じています。ただ、日本で育ったアメリカ人が皆、私と同じ感じ方をしているわけではないですね。アメリカ人の中には、自分が誰なのかということについて、随分悩んでしまう人がいますね。自分が日本人なのか、自分がアメリカ人なのか分からないんです。それで、どこに住むべきかということについても、適応が難しかったりするようです。そして、どうも、アメリカや他の国で育った日本の方の中にも、ときに、悩んでしまう人がいらっしゃるようですね。自分たちはいったい誰なのか。で、自分がいちばん居心地がよいのはどこなのかに悩むというのは、とても自然なことだと思います。ですが、私は幸運なことに、日本だけでなく、アメリカでも違和感なくいられるし、日本人とも、アメリカ人とも違和感なくいられるんです。ですから、このことでは本当に恵まれていると思います。

ロジック解説 「日米で育った生い立ちは、自分にとってプラス」というのが結論ですね。ひとつめのサポートは、どんな利点があったかということで、生い立ちの結果として「視点の広がり」という面でプラスになったということを説明してくれています。

次に、「でもプラスばかりでもないだろう」「余計に大変だったという人もいるだろう」という**当然の疑問や反論**を踏まえて、確かに、複数文化で育った人で自分のアイデンティティーに悩んでしまう人も多いことを認めています。「しかし、自分の場合は、運のよいことにまったく違和感を味わわずにすんだ」と説明して、そのためにプラスになったと言えるのだということを説明しています。

ということで、「実際に自分にプラスをもたらした」という意味からも、「運よく、それでアイデンティティーに悩むこともなく済んだ」という意味からも、「自分は自分の生い立ちに恵まれた」と感じているのだと締めています。

実例 SAMPLE 7　ヒント

解説　スイス系商社の日本法人社長のインタビュー。若い人たちに向けて、リーダーシップを身につけていくために必要なことをアドバイスしてもらった部分。

[出典：Alfred Banz — K/H Interview]

ヒント一語句リスト

to practice something ………	何かを実践する、実行する
to be nominated as ... ………	…に指名される、任命される
to climb uphill ……………………	上り坂を登る
to seek out something ………	何かを探し出す（過去形：sought）

ヒント一組み立て

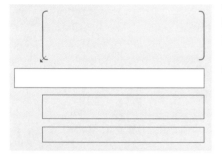

若い人が今できることをアドバイスする前に、前置きとして、頭に置いておいてほしいことを言っておいてくれますよ。

ストレート・トランスクリプト

I think leadership quality can only be acquired really by practicing it, by having the opportunity to lead somebody. So you have to be courageous enough and say, "Well now I stand in front of five, or 50, or 500 people, and I have to speak to them and lead them within this business." However, at the age of 20 or even 30 when you don't have this opportunity, what is important is that you observe leaders that impress you. I mean I think if you are interested in becoming a leader you have to learn and look at how others do before you get a chance. Because, it's quite critical. If you are then nominated as a leader and you fail, it's very difficult then to climb uphill again. During this training period I was fortunate to have a number of good bosses who were good leaders. And I didn't copy them, but I really sought out the positive characteristics of what makes in my opinion a good leader.

実例 SAMPLE 7 91

I think leadership quality can only be acquired really by practicing it,

by having the opportunity to lead somebody.

So you have to be courageous enough and say, "Well now I stand in front of five, or 50, or 500 people, and I have to speak to them and lead them within this business."

However,

at the age of 20 or even 30 when you don't have this opportunity, what is important is that you observe leaders that impress you.

I mean I think if you are interested in becoming a leader you have to learn and look at how others do before you get a chance.
Because, it's quite critical. If you are then nominated as a leader and you fail, it's very difficult then to climb uphill again.

During this training period I was fortunate to have a number of good bosses who were good leaders. And I didn't copy them but I really sought out the positive characteristics of what makes in my opinion a good leader.

リーダーシップの資質は、本当のところ実践を通じてしか身につかないと思います。実際に人を指揮する機会を通じてですね。ということは、「さあ、今、私はこうして、この5人なり、50人なり、500人の人たちを前に立っている。このビジネスで、私はこの人たちに語りかけ、この人たちを引っ張っていくんだぞ」と言える勇気をもたなければいけません。とは言え、20歳や、30歳にしても、こうした機会がない時代には、重要なのは自分が素晴らしいと思うリーダーを観察することです。つまり、リーダーになりたいと思うのであれば、ほかの人たちがどうやっているのかを見て、学んでおかねばなりません、自分にチャンスが巡ってくる前に。というのも、これは決定的に重要なことだからです。やがてリーダーに選ばれて失敗をすれば、そこからまた這い上がるのは非常に難しいですからね。この訓練の時期に、私は運よく、よきリーダーである素晴らしい上司に何人も恵まれました。で、私はそっくり彼らの真似をしたわけではないですが、自分から見て、何がよきリーダーの特質なのかを真剣に見つけ出そうとしましたね。

· ·

ロジック解説 これからリーダーになっていこうという若い人たちへのアドバイスです。前半部分の「リーダーとしての実際の経験を通してしか、本当には身につかないもの」というのは、事実、とても重要な点であるとしても、現在、そういう立場にない若い人たちには困ってしまうアドバイスかもしれませんね。しばらく聞いていくと、やはりhoweverで話が転換して、**後半部分が彼のより大きなポイント**だということが分かりますね。後半部分がまさに直接質問に答える彼のメインポイントの方で、若い人に今できることをアドバイスしています。

前半は、メインポイント側に入る前に、重要なのでぜひ入れておきたかったお断り、前置き、背景といった感じなんですね。「確かに、本当を言うとリーダーシップの資質を身につけるには、実践するしかないという面がありますよ。だからこそ、その機会が来たときにそれを引き受ける勇気がなくちゃだめですよ。確かに、これも大事なので頭に置いておいてほしいんですが……」と先にお断りを置いておいて、「でも、とにかく本題である'今できることとしてのアドバイス'としては……」という感じで後半が来ているわけです。Bでなくて howeverで転換している分、スピーカーとしては「前半で述べたことも忘れないでよ、重要だよ」という感じが強いかもしれませんね。

後半のメインポイントの方で言っているのは、「自分がよいと思うリーダーを徹底的に見て学べ」ということですが、そのサポートとしては、まず**ひとつ目**でその**重要性の理由**を説明し、**ふたつ目**のサポートで、「自分も真剣にそれをやったよ」という自分の経験で説得力を強めていますね。

② おわりに

ここまでお付き合いくださり、ありがとうございました。盛りだくさんの内容だったと思います。お疲れさまでした！

アメリカ人の話し方の特徴は、ここで学んだことだけですべて割り切れたり、説明できたりするわけではありません。ここで学んでいることは「規則」のようなものではありませんから、原稿なしで普通に話している場合であれば、もちろん今回学んだ３つのパターンで全てを割り切れるものではありません。が、ここで学んできた形を基本的なパターンとして認識して、自分の感覚に入れておくと、英語の話のメリハリがはるかに見えやすくなり、話を追うのに'読み'が利くようになります。正確な聞き取りの感覚を自分の中につくっていく長期的な努力もはるかに効率が上がるはずです。

何よりも、単語や表現レベルを超えて、このように話全体、メッセージ全体のレベルで英語を見ていくことで、聞き取りや学習面での成果だけでなく、英語そのものやコミュニケーションに関わる英語文化についての興味や理解もひとつ深いレベルに入った感覚をもっていただけたかと思います。英語の醍醐味に少し触れられたような、そんな喜びも感じていただけたことを願っています。

言葉という「生きた技を身につける」ためには、「'基本'となっていて、'応用力'につながる<形s>とそのココロをできるだけ早く見抜いて、できるだけ早く身につける」ことが、効率と効果の面から非常に重要だと考えています。英語学習者の役に立つ「コツ」を常に探し、それを常に改善し、「最善なもの」にしていきたいというのが、私たちの夢です。本書の内容も、その一環として考えてきたものです。そうした意味で少しでも皆さんの役に立てたことを祈ります。ここで学んだことを上手に「コツ」として利用する意識でぜひ、のびのびと自由に英語に取り組んでいっていただければと思います。

アルクは個人、企業、学校に
語学教育の総合サービスを提供しています。

英 語

通信講座

1000 HOUR HEARING MARATHON　TOEIC®対策

『イングリッシュ・クイックマスター』シリーズ

ほか

書 籍

キクタン　ユメタン

『起きてから寝るまで』シリーズ

TOEIC®／TOEFL®／英検®

ほか

月刊誌

ENGLISH JOURNAL

辞書データ検索サービス

英辞郎 on the WEB Pro

オンライン会話

アルク
オンライン
英会話

アプリ

『キクタン』シリーズ

ほか

セミナー

TOEIC®対策
セミナー

ほか

子ども英語教室

アルク
Kiddy CAT
英語教室

留学支援

アルク
留学センター

学 校

eラーニング

ALC NetAcademy
NEXT

学習アドバイス

ESAC

書 籍

高校・大学向け
副教材

企 業

団体向けレッスン

クリエイティブ
スピーキング

ほか

スピーキングテスト

TSST

著者プロフィール

国井信一

会議通訳者として衛星放送をはじめ、国際会議、ビジネス交渉・政府間協議など様々な分野で活躍。現在は、上智大学外国語学部英語学科講師を務めるとともに、K/Hシステムの共同開発者として日米両国での研修と、研修・教材の開発に携わる。上智大学英文科修士課程修了。

橋本敬子

ワシントンDC在住。日系企業の米国駐在員、会議通訳／翻訳者としての仕事を経て、現在は、K/Hシステムの共同開発者として、研修・教材の開発に携わる。大阪外国語大学卒業後、英国ケント大学哲学科を卒業。英米滞在経験通算25年以上。

2人の共著として『究極の英語学習法 はじめてのK/Hシステム』『究極の英語学習法 K/Hシステム 基本編』『同 中級編』(アルク刊) がある。

究極の英語学習法 K/Hシステム 上級編

発行日：2020年4月6日（初版）

著者　：国井信一、橋本敬子
編集　：株式会社アルク 英語出版編集部

AD　　：園辺智代
音声編集　：株式会社ルーキー 柳原義光
DTP　　：田中菜穂子（アトム・ビット）、正岡佳、朴成浩
印刷・製本　：シナノ印刷株式会社

発行者：田中伸明
発行所：株式会社アルク
　　　　〒102-0073　東京都千代田区九段北4-2-6 市ヶ谷ビル
　　　　Website：https://www.alc.co.jp/

落丁本、乱丁本は弊社にてお取替えいたしております。
Webお問い合わせフォームにてご連絡ください。
http://www.alc.co.jp/inquiry/

＊本書は『究極の英語学習法 K/Hシステム 発展編 ロジカル・リスニング』
　（2006年初版）の改訂版です。

地球人ネットワークを創る

アルクのシンボル
「地球人マーク」です。